Hermann Augustin
Als er noch in der Chaise fuhr... Aufzeichnungen eines alten Landarztes

Zeichnungen von Max Kämpf

Birkhäuser Verlag Basel

CIP-Kurztitelaufnahme der Deutschen Bibliothek

Augustin, Hermann:
Als er noch in der Chaise fuhr : Aufzeichn. e. alten
Landarztes / Hermann Augustin. Zeichn. von Max
Kämpf. – Basel : Birkhäuser, 1984.
ISBN 3-7643-1667-5
NE: Kämpf, Max [Ill.]

Herausgegeben vom Verkehrs- und Kulturverein Allschwil

© 1984 Dr. Augustin-Stiftung, Allschwil

Herstellung: Birkhäuser AG, Graphische Unternehmen, Basel und Reinach

ISBN 3-7643-1667-5

Inhalt

Die Chaise

Die Chaise ist des Landarztes fahrendes Gezelt. Der weite Himmel wölbt sich über ihr. Die Winde pfeifen über sie hinweg. Vom Sturm gepackt, schaukelt sie hin und her. Der Staub wirbelt hinter ihr in Wölkchen auf, und der Regen trommelt auf das Verdeck. Von den Hufen des Pferdes fliegen die Spritzer. Stösst das Rad gegen einen Feldstein, so geht ein Ruck durch die Chaise, und sie wird hochgeworfen, dass im Kasten die Medizinflaschen aneinanderklirren. Doch selten gibt es einen Radbruch. Vorn hebt der Hase sein Panier, und hintendrein läuft geschäftig der Wiedehopf, den Federbusch zurückgelegt. Ein Kitt Rebhühner surrt erschrocken davon und gleitet niedrigen Fluges fächerartig auf das Feld hinüber, hurtig in Deckung gehend. Über die Waldwege springen in hohen Bogen die Rehe. Im matten Schein der Laternen, der spärlich auf die Wegränder fällt, stürzt ein Rudel Wildschweine vorbei, gleich Schatten aus der Unterwelt, an den kurzen, zottigen Schwänzen noch erkennbar.

Die Wege sind immer die gleichen: Durch Wiesen, Felder und Wälder, durch Täler und über Hügel und auch dem Bach entlang, in dessen Dunkel Erlen und Weiden niederhangen. In dunstiger Ferne erscheinen die blauen, sanftgezogenen Umrisse der Berge. Und Wolken schweben auf, wie frisch gebrochener Marmor. Aus dem Brachfeld schwingt sich eine Lerche auf. Ich höre noch ihr Jubilieren, wenn sie längst nicht mehr sichtbar ist. Und andere steigen auf. Mit Gesang ist der Himmel erfüllt.

Das Blau der Berge rückt näher: Ein Indigoblau. Der ganze Wald wird blau. Der gelbe Levat leuchtet. Mit dem Dunkelblau der Salbei sind die Wiesengründe erfüllt. Und mit reinem Weiss umsäumt der Schlehdorn die Wälder. Von den höchsten Wipfeln ertönt der flötende Ruf des Pirols. Aus kristallenen Tiefen taucht die zarte Sichel des Mondes empor.

Ich lasse die Chaise anhalten: Die Welt ist blumenstill – nur das Flüstern des Grases vernehmbar. Kein harter Laut stört den innern Chor des Schweigens. Im süssen Buschwerk zirpt eine Grille. Die goldene Krone der Sonne sinkt auf die Wälder herab. Im Dunkel des Baches spiegelt sich der Himmel. Zwischen Erlen und Weiden zerrinnen die flüchtigen Bilder. In lautlosem Spiel klingen Wasser und Himmel zusammen. Die Dinge eröffnen ihr Herz und ihre Heimlichkeit.

Im Herbst flammen die Wälder in rötlichem Braun. Die Äpfel an den Bäumen und die Wangen der Mädchen erglühen. Mit weissen Stämmen und gelben Wipfeln treten die Birken hervor. Rostrot leuchten die Erlenstümpfe. Durch die Lüfte streichen schwarze Starenzüge. In einer Ackermulde zieht ein Ochsengespann geruhsam den schweren Pflug. Die Tiere, schwankenden Ganges, scheinen in den Grund einzusinken. Auf den Ruf des Bauern fallen sie wieder fester in die Stränge. Und hinter dem Pflug liegt ein Glanz auf den Schollen. Auf allen Feldern ist dieser Glanz ausgebreitet. Wenn ich als Kind in der Chaise mitfuhr, zeigte der Vater mit der Peitsche auf diesen Glanz: Er sei ein Zeichen dafür, dass der Boden gut gedüngt worden sei. Und der Vater verglich ihn mit dem der Speckseiten. Die Grossmutter aber sagte, dass dieser Glanz von den Füssen der Engel herrühre, welche segnend über die Felder gehen.

Das dauernde Schütteln und der eintönige Klang der Hufe bewirken oft eine seltsame Schau: Alles Geschehen, vom Winken eines Schnupftuches bis zu den steifen Linnen des Totenbettes, liegt in der gleichen Linie wie die Ackerfurche, welche den Blick ins Ewige zieht. – Darüber geht gleichmässigen Schrittes der Sämann, die Hand Jahrtausende geübt. Und es folgen die wechselnden Bilder des Vergehens und Wiederauferstehens.

Mit dem Schnupftuch wird dem Doktor von weither gewunken. Schon an der Bewegung dieses Tüchleins sehe ich, ob der Fall leicht oder schwer ist. Manchmal wird mitten auf dem Felde gewunken, oftmals wegen einer geschwollenen Backe. Der Gequälte setzt sich dann auf den Pflug, den Mund weit aufgerissen. Und wenn die Zange kommt, greift er in die Eisen, als gehe es weniger darum, den Zahn, als vielmehr den Pflug aus der Erde zu reissen. Von einem bösen Finger, der tagelang mit gekautem Kräuterbrei vorbehandelt wurde und dazu noch am Karst mitangreifen musste, bleibt oft nur ein Stummel übrig.

Die Chaise rollt. Links und rechts vom Wege wogen die goldenen Ährenfelder. Die Kornblume und der Mohn leuchten wie Edelsteine. Wo ich hinschaue, ist ein Gold. Zwischen den dunklen Wäldern schimmert es. Die Hügel sind von ihm überglänzt. Jede Stufe und jeder Bogen ist vergoldet. Und in der Ferne vergeht es zu weissen Strichen und Streifen, über die sich in weichen Linien das Blau der Berge erhebt.

Einen guten Teil seines Lebens bringt der Landarzt in der Chaise zu. Stundenlang geht die Fahrt bis zu den entfernten Dörfern. Und immer gibt es müde Wanderer, die sich umdrehen, wenn sie die Chaise hören. Ein altes Mütterlein, das kaum noch seine Füsse bewegen kann, wird eingeladen. Eine junge Frau sitzt neben mir, den schreienden, strampelnden Säugling in frische Windeln hüllend. Auch der staubige Handwerksbursche ist froh, seine Füsse ausstrecken zu können. Die Zeit wird ver-

kürzt, und Neuigkeiten aus aller Welt werden vorgetragen.

Dem Pfarrer vom Nachbarsdorf macht das Gehen Atemnot. Sein Gang gleicht dem eines Pilgers, der Erbsen in den Schuhen hat. Er wischt sich mit dem roten Schnupftuch fortwährend den Schweiss von der Stirne. Bei seiner Beleibtheit hat er alle Mühe, das Trittbrett zu erreichen. Und ist es ihm endlich gelungen, so neigt sich die Chaise bedenklich zur Seite.

Der Geistliche ist bekannt durch seinen ergiebigen Weinberg, der oberhalb des Pfarrhauses einen ganzen Hügel überzieht. Überhaupt fallen um sein Dörfchen die vielen gut angelegten Rebberge ins Auge. Von überall her holen die Leute bei ihm Rat für die Pflege der Reben. Aus Dankbarkeit dafür wird mancher Mistkratzer zu einem sonntäglichen Braten in seine Küche getragen.

Des Pfarrers Predigten sind prickelnd wie sein Wein. Der Schalk sitzt ihm im Nacken. Wie oft fuhren wir zusammen in der Chaise und lachten, dass es im Walde widerhallte. Zwischenhinein bekam er seine heftigen Hustenanfälle. Und dann seufzte er über den letzten Frost, der seine Reben auch gar so arg mitgenommen habe, und zuletzt über die Leute, die in Glaubensdingen immer lässiger würden.

Das Trittbrett ist eine Waagschale. Bald steigen mehr Knochen als Fleisch und bald mehr Fleisch als Geist ein. Ein junger Pfarrherr wiegt kaum ein paar Federn, aber unsere Gespräche sind Feuer und Flamme. Die Chaise wird zu des Elias Wagen. Nur gut, dass das Pferd mit allen Vieren auf der Erde bleibt, sonst würde unser Himmelsflug im Strassengraben enden.

Ein andermal redet eine Steinalte von dem, was längst entschwunden und von jenen, die schon vermodert sind. Sie babbelt mit ihrem zahnlosen Munde in einem fort und stösst unverständliche Brocken hervor. Ihre dünnen, fransigen Lippen schwabbeln hin und her. Den Korb mit den Eiern hält sie fest an sich gedrückt. Von Zeit zu Zeit hebt sie den Deckel und guckt hinein, ob noch alle da seien. Jedes Ei ist sorgfältig in Papier gewickelt. Bei diesem Anblick gluckst sie selig vor sich hin.

Und sie beginnt von ihrem lieben Federvieh zu berichten: Von einem kranken Huhn, das plötzlich den Kopf hangen liess und nicht mehr fressen wollte. Wochenlang habe sie es gepflegt. Manche Nacht habe sie nicht schlafen können; und sie hätte sich fast hintersonnen. Jetzt gehe es ihm, Gott sei Dank, wieder besser. Es lege wieder jeden Tag und laufe ihr auf Schritt und Tritt nach. Und dann seufzt sie wieder über ihre

Verstorbenen, und dass es ein Elend sei, so allein auf dieser bösen Welt bleiben zu müssen. Beim Aussteigen fragt sie mich, ob ich ihr nicht ein Mittel gegen die Hühneraugen hätte. Es sei eine schreckliche Plage, bis sie die Füsse wieder eingelaufen habe! In der Chaise werden Glück und Freude, Sorge und Kummer ausgepackt und viel Leid und Not. Lachen und Weinen, ein Hauch von Leben und Tod durchzieht sie. Sie ist eine Muschel der Seufzer. Ich höre in ihrem Rauschen die unerbittliche Satzung der Erde – das Weinen.

Das ganze All scheint ein Seufzer zu sein. Ich höre immer diese Seufzer. Der Arzt wird von ihnen gerufen, und er folgt ihrer Spur. Und ich habe oft nichts als die tröstende Hand. Wenn es nachts an die Haustür pocht und pocht, so weiss ich oft nicht, ob es für einen Kranken, oder ob es der Tod selber ist, der an mein Herz pocht. Der Tod steht immer vor der Tür. Und die Chaise ist bereit.

Wenn ich vermeine, dass der Tod der Chaise vorangehe, kommt er hinter ihr nach; und schau ich zurück, so ist er schon nicht mehr da, sondern dort, wo ich ihn nicht erwartet habe.

Auf abseits gelegenen Bauernhöfen hat der Tod noch seine Feierlichkeit: Eine unsagbare Milde liegt oft auf dem Antlitz des Sterbenden, als blühe auf ihm die Ewigkeit in die Zeit hinein. Doch selten fällt der Mensch wie eine reife Frucht.

Die Einfahrt zu den Dörfern wird von der weissen Garde der Gänse bewacht. Von den Misthaufen, aus den Tümpeln und dem Bach patschen sie unter Trompetenstössen heran. Sie spreizen die Flügel und schlagen sie zusammen, dass der Staub, Halme und kleine Steine aufwirbeln. Um die Chaise bilden sie eine Phalanx und strecken die langen Schlangenhälse unter tückischem Verneigen und wütendem Zischen waagrecht aus. Mit aufgerissenem Schnabel geht der Gänserich zum Angriff vor. Sein Hals schwillt knollenförmig auf. Ich habe Mühe, ihn abzuwehren. Das junge Pferd muss ich am Halsriemen halten, bis es die Biester gewöhnt ist. Wären sie grösser, würden sie die

Chaise samt Pferd und mir wegschleppen. Wenn ich über den Hof schreite, so fauchen diese Wegelagerer hinter mir her. Ein Hof ist uneinnehmbar, wenn die Gänse mit dem Hund zusammenhalten. Mit Säbel und Pistole sollte ich mich manchmal zur Haustüre durchschlagen.

Doch endlich kommt die Grossmutter! Vor ihr hat die impertinente Bande einen Heidenrespekt. Sie braucht nicht einmal zur langen Haselrute zu greifen. Die ganze Schar duckt sich und läuft mit verdrehten Hälsen davon, mit den Schwanzfedern abwinkend. Und hinter dem Miststock beginnt ein Geschimpf und Geschwätz. Die Grossmutter hat es im Griff, sie an den

Hälsen zu packen. Das muss man gesehen haben! Am langen Hals zerrt sie die Gefangene zu sich, und wupp! ist der Hals zwischen den Beinen eingeklemmt, der Kopf in der Schürze versteckt. Mit zusammengebundenen Füssen liegt sie dann auf Grossmutters Schoss. Und Frau Holle beginnt die Daunen zu rupfen.

Der Heimweg führt am Friedhof vorbei. Er liegt ausserhalb des Dorfes. Manchmal sehe ich den Pfarrer bei den Gräbern stehen. Sein weisser Kopf zittert. Ein gütiges Lächeln schwebt um seine Lippen. Für alles hat er ein Wort des Verstehens und des Verzeihens.

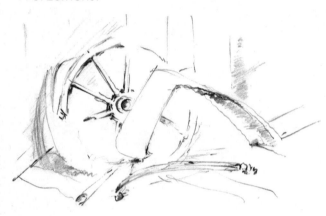

Der Pfarrer und der Arzt wissen, dass das Böse immer wieder mit dem Guten zusammengespannt sein muss, wenn das Leben erträglich sein soll. Ich reiche dem Pfarrer die Hand über die alte Mauer hin. Der überhängende Zweig eines blühenden Rosenstrauches kreuzt sich mit meinem Arm.

Und manchmal auch seh ich den Totengräber ein Grab schaufeln. Bald glänzt sein Spaten, bald sein kahler Schädel auf. Der Friedhof ist voll duftendem Gesträuch und viel Holunder darunter.

Es muss alles unter die Erde und wieder zu Staub werden. Die Hoffnung aber ist gegeben, dass alles wiederauferstehen wird. Die Erde selbst ist ein Staubkorn im All, und die Menschen sind Stäubchen auf ihr. Und alle diese Stäubchen sind von Seufzern getragen.

Die Räder knarren. Einmal wird die letzte Fahrt sein. Die Zügel werden mir entfallen. Das Pferd findet allein nach Hause. Der letzte Passagier, der winkt und in die Chaise steigt, ist der Tod.

Und dann wird die Chaise in der Remise stehen, verstaubt und verrostet.

Beim Frühlicht

Beim Frühlicht war's. In diamantener Helle funkelte der Morgenstern durch die weiss-seidenen Nebelstriche. Mit flüssigen Rubinen stieg die Morgenröte hinter dem schwarzen Wald empor.

Ein Reiter galoppierte daher: In der Mühle liege die junge Frau in schweren Wehen! Ich war darauf gefasst. Bei meinem letzten Besuch hatte ich festgestellt, dass eine gefahrvolle Geburt bevorstehen könnte.

Die Chaise war im Hofe schon bereit, und im Nu der Vollblut angeschirrt. Und los ging's!

Aufrecht stand ich im Gefährt, das Leitseil fest in den Händen. Ich erhob die Hand. Das Pferd wusste jetzt, dass es alles einzusetzen galt. Die Zügel liess ich locker. Zwischen seinen langen Beinen zog sich der Rumpf auseinander. Über das Vorderdeck flatterte die Spitze des Schweifes. Der Rücken war gespannt, die Mähne lag glatt am Hals zurückgestrichen, der Kopf gradausgestreckt. Die Chaise kreischte in den Federn. Bald schien sie zu fliegen, von den Steinen aufgeworfen, bald links, bald rechts auf den Rädern und wieder von der Böschung in die Mitte der Strasse geschleudert. Ich zielte zwischen den Pferdeohren nach der Richtung. Der Morgenstern tanzte vor meinen Augen auf und ab.

Bei der Mühle angekommen, stürzten die Knechte herbei und hielten das schnaubende Tier fest.

Die Geburtstasche in der Hand, sprang ich die Stiegen hinauf. Im Zimmer brannte ein helles Licht, und Reinlichkeit herrschte. Eine stattliche Hebamme stand hilfsbereit. Wie ich die Kreissende erblickte, kam eine weihevolle Ruhe über mich. Ich traf die nötigen Vorkehrungen. Die Gefahr war gross. – Nach kurzer Zeit hielt ich einen schönen Knaben an den Füsschen empor, ging mit ihm ans Fenster zu den frischen Morgenwinden und klopfte seinen Rücken, bis das Kind kräftig zu schreien und zu atmen begann.

Jetzt erst wurde auch ich wieder von der strengen Schule gelöst und in die heitere Welt zurückgerufen. Die Hähne krähten im Dorf. Eine Glocke läutete. Der Morgenstern verblich im Frührot.

Die Hebamme nahm das Kind in Empfang, legte es auf den Tisch und zog ihm die Gliedmassen auseinander, um sich zu vergewissern, ob alles richtig sei. Hierauf machte sie mit feierlicher Bewegung das Zeichen des Kreuzes über ihm. Sie wickelte es in die schimmerndweissen Tücher und reichte das Bündel dem Vater hin, der es mit beiden Händen andächtig bis zur Höhe seines Herzens hob.

Die junge Mutter hatte ihre müden Augen geschlossen. Ein Glücksstrahl ging über ihre bleichen Wangen.

In der Stube nebenan lag auf dem Tisch ein grosser Laib Brot. Strahlenden Gesichtes schnitt der Müller eine duftende Scheibe ab. Ich brach sie entzwei und steckte einen Teil für das Pferd ein. Und während ich vom Brote ass, merkte ich, dass meine Hände zitterten.

Ich erfuhr wieder, dass der Mensch im Schweisse seines Angesichtes sein Brot essen muss.

Die Mühle klapperte. Der Geruch vom heiligen Korn erfüllte das ganze Haus. Draussen rauschte der Mühlbach.

Und selig fuhr ich heimwärts. Das dunkle Gebälk der Nacht war zerbrochen. Siegreich stieg der junge Tag mit goldenen Fahnen auf. In den Büschen flöteten noch einzelne Nachtigallen. Am Himmel tirilierten die Lerchen. Die Wälder und Höhen glänzten.

Notfälle

Es war in einer stürmischen Nacht. Ich
wurde gleichzeitig und dringend zu zwei
Schwerkranken, zu einem Kind und einem
alten Mütterchen gerufen. Beide wohnten
in grosser Entfernung und in entgegenge-
setzten Richtungen. Einige Augenblicke
schwankte ich: Zu welchem zuerst? –
Zuerst das Kind!
Ich sprengte in die Nacht hinaus. Der
Rappe keuchte. Wind und Regen peitschten
von hinten und trieben uns an. Als ich hinkam, war das Kind schon erstickt. Der Vater hielt es tot in seinen Armen.

Habe ich zu lange gezögert? Ich hätte doch
helfen können! Das Blut wallte mir gegen
das Herz, und wie von Schuld gedrückt,
schrie es auf. Ich war bleich wie der Tod.
Die Eltern dankten mir, dass ich noch gekommen war.
Ich trieb das Ross wieder in die pechfin-
stere Nacht hinaus und jagte durch die
Wälder. Regen und Zweige schlugen mir
ins Gesicht. Die Wege waren aufgewühlt.
Ich hörte Wasser unter den Hufen aufsprit-
zen. Das Pferd blieb in einem sumpfigen
Waldgrund stecken. Ich sprang herab. Im
Wasser watend, riss ich es am Zügel her-
aus.
Kein Stern am Himmel. Der Regen goss in
Strömen. Eine gute halbe Stunde ging ver-
loren, bis ich wieder festen Boden fand.
Durchnässt und abgehetzt kam ich zur
Hütte der Alten.
Auch hier war mir der Tod zuvorgekom-
men.

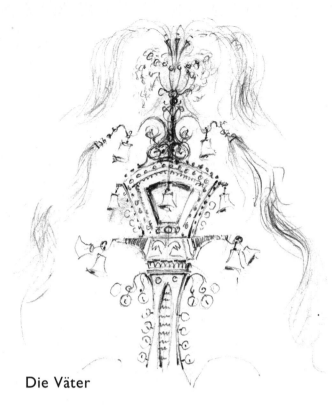

Die Väter

Mein Vater und mein Grossvater waren Landärzte. Von ihnen habe ich das Riegelhaus mit dem schiefen Giebel, gebaut anno Domini 1673, angefüllt mit alten Kasten, Truhen, Tischen und Bänken, übernommen. Alles war aus Eichenholz gezimmert, und die Sparren mit Ochsenblut angestrichen. In die Fensterläden waren Herzen eingeschnitten, und in den verdunkelten Zimmern zitterte das glühe Sonnenherz auf dem Boden.

Es gab damals weite, prächtige Eichenwälder. Die mächtigsten Bäume wurden einst von den Schweden gefällt und fortgeschleppt. Manch Eichenkiel, aus unsern Wäldern gehauen, wird noch jetzt im tiefen Meeresgrunde stecken. Noch immer stehen die Eichbäume mit ihren gewaltigen Kronen und der herrlichen Wucht ihrer Blätter. Wenn es in den Wäldern von Eichhörnchen wimmelte und sie überhand nahmen, kamen die Sperber, die den Überschuss vertilgten. Die Winter waren lang und streng. Die verhungerten Habichte, Weihe und Raben fielen von den Bäumen in den hohen Schnee. Und in den Wäldern heulten nachts die Wölfe.

Der Grossvater war ein vornehmer Mann und ein Liebhaber von Schlitten. Von Russland her liess er sie kommen und Bärenfelle dazu. Er legte hohen Wert darauf, dass

seine Pferde die schmucksten und vielstimmigsten Schlittengeläute trugen. Bei dem fröhlichen Gebimmel von Quint und Terz stolzierten und tänzelten die Pferde im Schnee. Wenn der Grossvater mit diesen Schellen herumfuhr, glaubten die Leute, dass sie die bösen Geister vertrieben. Und lautlos glitten die Kufen.

Noch heute liegt auf dem Estrich die Galionsfigur eines Schlittens: Ein nacktes Meerweibchen mit geringeltem, schuppigem, goldgrünem Schwanz. Als Kind fürchtete ich mich davor, und ich dachte, dass das Ding kalt hätte, wenn es durch die eisigen Winternächte fahren musste.

Der Grossvater sagte, ein rechter Landarzt müsse sich immer zu helfen wissen, denn unerwartet treffe er auf Leid und Not. Und wie oft wäre ein Wunder erwünscht! Er erzählte mir von einem Heiligen, Sebaldus hiess er. Dieser wurde einmal in eine armselige Hütte zu einem Kranken gerufen, mitten im Winter. Die Kälte war grausam und Holz keines vorhanden. Flugs brach der

Heilige vom Dach die Eiszapfen, machte damit ein Feuer, kochte den Heiltrank und ein Süpplein dazu.

Eine Seuche hat den Grossvater weggerafft. Mein Vater war ein berühmter Geburtshelfer. Und er liebte die Pferde. Auch als Pferdearzt tat er sich hervor. Die Ställe mussten in grösster Reinlichkeit gehalten werden, und immer lag frisches Stroh auf. Dort standen sie: Der Rappe, der Fuchs, der Braune, der Apfelschimmel ... Und immer wieder neue. Ein ganzer Pferdehimmel öffnete sich. Die Mähnen strahlten im Licht. Geheimnisvolle Runen drückten die Hufe in den Lehmboden des Hofes. War ein Ross alt geworden, durfte es auf die Weide und wurde bis zu seinem Tode gepflegt. Es zerriss mir das Herz, wenn ich zusehen musste, wie eines tot abgeschleppt wurde. Einen alten Rappen sah ich den Herztod sterben:

Es geschah nach einer rasenden Fahrt. Das brave Tier schwankte zitternd im Stall, hielt den Kopf gesenkt, zog die Lenden ein und stiess den Atem unter Stöhnen aus. Es schnappte wieder nach Luft. Dann sprang es mit den Vorderbeinen an der Krippe empor und brach mit einem gellenden Schrei zusammen. Seine grossen, treuen Augen, deren geheimnisvoll bläulichen Glanz ich so liebte, wurden glasig. Es ward mir schwarz vor den Augen.

Den Rappen kann ich nicht vergessen! Noch hör ich sein Schnauben über meinen Schultern. Die rosigen Nüstern schimmerten wie Tulpenkelche. Und noch immer steht er vor mir, der sanfte Koloss. Zwischen seinen Beinen und unter seinem Bauch sprang ich hindurch wie in einer Säulenhalle, und ich pendelte, mich an seinen langen Schweif klammernd, hin und her. Der Rappe war so fromm, als wären seine Vorfahren einst nach dem Heiligen Grabe gezogen.

Der Vater pflegte die jungen Pferde selbst einzufahren. Waren sie störrisch und ungebärdig, mussten sie auf weite Strecken mit. Todmüde kamen sie dann heim.

Ein solch struppiger Wildling war bei meines Vaters letzter Krankentour eingespannt. Ein Gewitter hatte sich aufgezogen. Am nächtlichen Himmel flammten die Blitze, die Donner rollten über die Wälder, und der Sturm zischte durch die Bäume. Das Pferd wurde scheu. Es bäumte sich auf und stürzte mit Chaise und Arzt das Tobel hinunter.

Als die herbeigeeilten Bauern helfen wollten, schlug das sterbende Tier noch mit den Hinterhufen gegen die Stränge aus. Der Vater lag tot im Gefährt, die Zügel fest in den Händen haltend.

Der Schutzpatron

Ich musste recht lange geschlafen haben. Und als ich erwachte, lag ich in meinem Bettchen im Zimmer der Eltern. Es war finster. Ein Mitternachtslüftchen bewegte leise die Vorhänge des offenstehenden Fensters. Am Himmel stieg ein lichter Schein immer höher empor, bis auf einmal die silberne Kugel des Mondes ob der schwarzen Masse des Lindenbaumes stand.

Meine Augen, vom Glanz des Nachtgestirns geblendet, taten mir weh, so dass ich sie wieder schliessen musste. Doch wie ich mich allmählich an das seltsame Licht gewöhnt hatte, konnte ich auch die Dinge im Zimmer unterscheiden. Da standen die beiden Betten, in denen Vater und Mutter schliefen. Dort hing der Spiegel, der, von einem Mondstrahl getroffen, zu schimmern anfing. Eine alte Kommode mit offener Schublade kauerte wie ein gähnendes Ungetüm in einer Ecke. Ich hörte die Uhr ticken und im alten Getäfer den Wurm nagen.

Die silbernen Streifen des Mondes glitten die Wand hinab und legten sich über mein Deckbettchen. Ich hielt meine Händchen in das näherrückende Licht. Sie bekamen einen geisterhaften Glanz. Das Linnen meines Bettchens duftete, und ein süsses Behagen umfing mich.

Der Himmel schaute zum Fenster herein, und die vielen Sterne, die ich zum ersten Male sah, staken wie goldene Spitzchen im tiefen Blau. Der Mond hing wie eine weisse Perle im dunkeln Gewande der Nacht. Durch den Lindenbaum ging ein Rauschen. Der Brunnen im Garten drunten tropfte in die Stille, als fielen seine Wasser klingend in eine tiefe Schlucht. Und mir war, wie wenn in weiter Ferne, in einem himmlischen Saale, die höchsten Töne einer Geige angestrichen würden.

Da erhob sich im Zimmer ein summendes Geräusch. Es kam von dort, wo der Vater lag. Erst leise, wie das Schwirren einer tiefen Saite, dann rauh wie das Knarren der Holzmaschine, die ich später, als Knabe, am Karfreitag, wenn der Heiland im Grabe ruhte, auf dem Kirchturm drehte. Ein Gruseln überlief mich mit tausend Spinnenbeinen. Vor Angst kroch ich unter die Decke und guckte hervor.

Da erblickte ich auf dem Bettgestelle des Vaters eine greuliche Figur – einen kleinen nächtlichen Kobold, im Mondschein hokkend und die Zähne fletschend. Und der Poltergeist richtete sich auf und schickte sich an, auf mein Bett herüberzuspringen. – Ich schrie … Dann weiss ich nur noch, dass meine Mutter bei mir stand. Sie rief mich beim Namen. Und da erwachte in mir das erste Bewusstsein: Ich bin.

Nach vielen Jahren erzählte mir die Mutter, dass am Bette meines Vaters eine alte Schnitzerei angebracht war, die den Heiligen Lukas, den Schutzpatron der Ärzte, darstellte, – und dass der Vater schnarchte.

Die Grossmutter

Der Vater hatte wenig Zeit für mich. Er war immer auf der Fahrt zu den Kranken. Und wenn er nach Hause kam, waren wieder Kranke da, die stundenlang auf ihn gewartet hatten. Die Mutter musste den ganzen Tag, bis tief in die Nacht hinein, Heiltränke brauen, Salben reiben und aus Bärendreck Pillen drehen. Die alten, grauen Töpfe mit den farbigen Aufschriften und geheimnisvollen Zeichen stehen noch heute auf dem Schaft. Auch die dicken Mörser, mit wunderlichem Zierat beschlagen und den schweren Stösseln, sind auch noch da, von den grössten bis zu den kleinsten. Und wenn ich einen Stössel in den Mörsern anschlug, tönte es wie von Glocken.

Oben in der luftigen Dachstube sass die Grossmutter zwischen den Säcken voller Kräuter und stopfte kleine Päckchen für die Kranken. Ein scharfer Wohlgeruch erfüllte das Zimmer – ein ätherischer Auszug der Wiesen und Wälder.

Die Grossmutter war von hoher Gestalt. Sie trug stets ein schwarzes Kleid, an dem glänzende Bänder rauschten. Das schwarze Schultertuch wurde von einer Silberbrosche zusammengehalten, die eine Perle einfasste. Das Mondlicht war darin eingefangen. Ihr Haar war weiss und geschmeidig wie Seide. Die Grossmutter kam mir wie eine Königin vor. Sie hatte immer Zeit für mich. In ihrer Nähe machte ich die Schulaufgaben. Und sie spitzte mir die Griffel wunderschön.

Ich wunderte mich, warum die Grossmutter immer so fleissig war. Mit schalkhaftem Lächeln erklärte sie mir: Weisst du, wenn man so alt ist wie ich, kann einen der Tod jederzeit abholen. Und wenn er einmal in die Stube tritt und mich so beschäftigt sieht, sagt er: Entschuldigung! Das muss ein Versehen sein! – und zieht sich wieder zurück.

Während die Grossmutter einmal mit ihren langen Fingern die Kräuter in die Tüten stopfte, huschte ein schwarzes Tierchen über ihre Hände. Ich wollte es haschen, doch es entschlüpfte mir immer wieder.

Die Grossmutter erhob mahnend den Finger: Tu dem Tierchen kein Leid an! Wer Lebendigem wehe tut, ist böse!

Am Abend, als die Kerze vor uns brannte, hörten wir ein seltsames Geräusch. Ich fragte, was das sei. Die Grossmutter sagte lächelnd: Das ist die Grille!

Das eintönige Geräusch wollte nicht aufhören, und es war, als würden zwei Goldplättchen emsig aneinander gerieben.

Ja, sagte die Grossmutter, du hörst die Grille noch, wenn die Vögel längst schlafen gegangen. Sie sitzt unter deinem Fenster oder draussen auf dem Lindenbaum. Du hörst sie, hörst sie wieder nicht, und manchmal ist dir, als stecke dieses Geräusch in deinem eigenen Ohr, und du beachtest es nicht mehr. Wenn die Frucht von den Feldern eingebracht wird, so kehrt auch oft die Grille bei uns ein. Sie verkriecht sich am warmen Herd und zirpt in der Winterstille. Dann schweigt sie wieder. Und im Frühling feiert sie Auferstehung.

Und die Grossmutter begann:

Es war einmal vor vielen, vielen Jahren, als der Wald noch tiefer und dunkler war, da lebte in ihm ein Zigeunerknabe. Schwarz wie Tollkirschen waren seine Augen, rabenschwarz sein Haar, und schwarz war auch sein Kleid. Er sass auf einem bemoosten Stein an einer Quelle, die aus der Tiefe hervorsprudelte, und spielte auf einer Geige. Gar süss und wonnesam klangen die Töne durch den weiten, weiten Wald. Die Vögel hüpften Zweig für Zweig in seine Nähe. Das Reh lauschte hinter den Bäumen. Sogar der Bär trollte heran, hob sich auf die Hinterbeine und fing zu tanzen an. So schön spielte der Knabe. Und wenn über den hohen Wipfeln der blaue Himmel hing oder die Sterne strahlten und das Gemurmel der Quelle in sein Spiel einfiel, so hallte es im Wald wie von tiefen Orgeltönen wider.

Eines Tages verirrte sich eine Königstochter im Walde. Sie hörte das Spiel und folgte den Tönen. Da sah sie den schönen Knaben auf dem dunkeln Moosteppich sitzen. Erschrocken eilte sie davon. Der Knabe

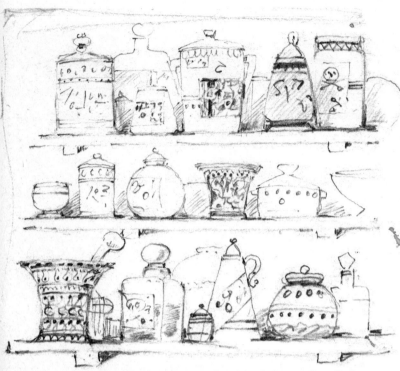

Der Knabe spielte und spielte, die Augen zum Licht erhoben. Die Königstochter hörte sein Lied durch die dicken Mauern hindurch. Es brach ihr das Herz. – Der Knabe sah nicht, wie draussen durch das Wiesengrün ein Leichenzug vorbeiging. Vier schwarze Rosse zogen den silbernen Sarg, und hinterher schritt, im schwarzen Mantel und mit goldner Krone, der König. Und der Knabe spielte und spielte. Wenn ein Stern in der Lücke oben sichtbar war, so sah er die Königstochter durch den blauen Himmelsraum schweben. Und wenn ein Mondstrahl durchs Gitter fiel, streckte er seine Hände nach ihm aus, dass er ihn zur Königstochter trage.

So gingen Sterne und Monde vorüber. Der Knabe geigte immerfort. Als eines Tages der König in den Turm schaute, war der Knabe nicht mehr da. Hoch oben in der Fensterscharte sass auf dem Gitterstab ein kleines, schwarzes Wesen mit Flügelchen, eine winzige Geige eifrig streichend. Es strich immer schneller, bis es nur mehr surrte und schwirrte – und husch! flog es davon.

Und die Grossmutter schloss: Wenn du die Grille hörst, draussen auf dem Felde und drinnen am Herd, lass sie in Ruh und störe nicht ihr Spiel. Sie hat viel Leid erduldet. Sie ist traurig und fröhlich wie ich und du. Vor dem Fenster rauschte in der nächtlichen Stille der Lindenbaum. Und ich wartete auf den Gesang der Grille. Das blaue Mondlicht schien herein.

schaute verwundert der lichten Erscheinung nach. Noch sah er ihr himmelblaues Kleid durch die Bäume schimmern und ihr goldenes Haar leuchten. Er ging ihr nach und kam hinaus auf die hellen, grünen Wiesen. Die Königstochter schritt durch das Grün und verschwand in einem fernen Schloss, das sich aus weissem Gestein zum Himmel emportürmte.

Grosse Sehnsucht erfüllte den Knaben. Und wenn um das Schloss die Dunkelheit lagerte und die Fenster die Lichter ausstrahlten, spielte er die Geige. Bald jauchzend, bald klagend stiegen die Töne durch die Nacht. Die Königstochter wurde von tiefem Herzeleid ergriffen. Und sie welkte dahin.

Der König wusste nicht, was ihr fehlte. Doch als er vernommen, dass ein schwarzer Knabe schuld sei, der um das Schloss herumstreiche und eine Geige spiele, liess er diesen in den Hungerturm einsperren. Dort sass der Zigeunerknabe in Trauer. Sein einziger Trost und seine Nahrung waren das Geigenspiel. Finstere Nacht umgab ihn, und nur hoch oben im Turm fielen durch ein vergittertes Fenster ein Streifen Licht und ein Stück Himmelblau.

Der Strahl

Vom Dorfschmied hiess es, er sei ein halber
Studierter. Das war er auch. Ich kann es
aus eigener Erfahrung bezeugen. Und ich
habe von ihm gelernt.
Bücher hatte er, grausam viel! Sogar mehr
als mein Vater! Und mehr als der Pfarrer!
Aber er zeigte sie nie.
Ich versuchte einmal, meine Nase in die
Kammer zu stecken. Er überraschte mich
dabei und schlug die Türe zu. Doch ich
hatte einiges erspäht: Die Bücher füllten einen grossen Schaft. Und auch das Tischchen
neben dem Bett, worauf die Petroleum-
lampe mit dem grünen Glasschirm stand,
war mit Büchern belegt.
Einmal im Jahr, gewöhnlich in den Tagen
vor Weihnachten, fuhr der Schmied in die
Stadt, von wo er mit einem schweren Paket
unter dem Arm zurückkehrte.

Der Schmied war ein untersetztes Männlein
mit russigem Gesicht, in dem die Nase wie
eine Himbeere leuchtete. Auch auf seiner
Glatze lag Russ. Und an den schwarzen
Haaren der Arme hingen Russkügelchen.
Der lange, zerschlissene Lederschurz, den
er um die Lenden gebunden, reichte ihm
bis auf die Schuhe herab. Ganze Mondland-
schaften waren darauf.
Am Samstagnachmittag, wenn er sich in der
Küche gewaschen, zog er ein reines, weisses Hemd und eine frische Hose an. Er be-
gab sich hierauf in seine Kammer, wo er bis
tief in die Nacht hinein über seinen Büchern sass. Niemand durfte ihn bei diesen
geistigen Übungen stören. Nur die Katze
duldete er bei sich. Diese sass auf dem
Tischchen, in einer Stellung, so, wie die
Katzen schon zur Zeit der Pharaonen gesessen hatten.
Am Sonntag hörte er die Predigt, wanderte
dann durch Feld und Wald und schloss sich
gegen den Nachmittag wieder in seine
Kammer ein.
An den Werktagen schob er punkt vier Uhr
früh den Riegel auf. Das Feuer sprühte in
der Esse, und der Amboss klang die Gasse
hinauf. Mein Vater sagte oft zu mir, dass ich
mir den Schmied, seines Fleisses und seiner
Regelmässigkeit wegen, zum Vorbild nehmen sollte.
Als Bub hatte ich zuerst Furcht vor ihm.
Lungerte ich, die Hände in den Hosenta-
schen oder die Haselpfeife im Mund, auf der
Gasse herum, so rief es aus der Schmiede:
He, du Faulpelz! Die Bücher laufen dir
nicht nach! Du musst zu ihnen gehen! Und
ich sah die scharfen Augen des Schmiedes
hinter der Scheibe blitzen.
Ich musste oft eines unserer Pferde zum Beschlagen der Hufe in die Schmiede führen.
Mit freudigem Kläffen sprang der Spitz vor-
aus, kehrte wieder um und hüpfte gegen
den Kopf des Pferdes empor, als wollte er
in dessen Lippen beissen.
Der Schmied zeigte mir, wie der Huf hoch-
zuhalten sei, und bald hatte ich mich in die
verschiedenen Stellungen eingeübt. So ent-
stand allmählich ein freundschaftliches Ver-
hältnis zwischen dem Schmied und mir. Ich

durfte den Blasebalg ziehen und das
Schwungrad der Bohrmaschine antreiben.
Im Nu hatte der Schmied das alte Eisen mit
der Zange abgerissen, griff zur Hauklinge
und dem Schlegel, um den Hornrand glatt
zu schneiden, bis die weisse Linie, welche
den Huf umzieht, sauber hervortrat. Mancher Hornschnitzel fiel dabei ab, auf welche
der Spitz längst gewartet hatte. Mit dieser
Beute legte er sich dann mitten auf die
Gasse, hielt sie mit den Pfoten fest und
kaute daran.

Jetzt kam der Schmied mit dem Rinnmesser, dessen Spitze vorn abgebogen war, und
schabte sorgfältig in der Hufsohle. Das ist
der Strahl! rief er jeweils begeistert aus
und wies mit dem Messer auf ein keilförmi-
ges Gebilde, das sich vom hintern Hufrand
zwischen die beiden Wülste der Sohle bis in
die Mitte erstreckte. Und er reinigte die
Furche, welche sich auf dem Kamm des
Strahles hinzog.

Wenn der Schmied in der Strahlenfurche
kratzte, hielt er das Rinnmesser nicht mehr
mit der Faust, sondern er führte es andächtig wie eine Schreibfeder mit drei Fingern,
als ob hier ein Heiligtum verborgen wäre.
Auch mir kam der Strahl als etwas aus der
Tiefe des Hufes geheimnisvoll Aufsteigendes
vor. Und ich frug den Schmied, was dies
Ding bedeute.

Der Strahl, sagte er, ist ein Schöpfungsge-
heimnis, worauf sich der ganze Gang des
Pferdes begründet. Wer da herumpfuscht,
versündigt sich nicht nur gegen das Pferd,
sondern auch gegen seinen Schöpfer. Im
Strahl liegt die Geometrie des Hufes. Er
fühle, ja, er wisse es genau und habe darüber viel gelesen, dass alle Dinge der Natur
geometrisch geschaffen seien. Ich solle nur
fleissig sein und in den Büchern lesen, dann
werde ich auch dahinterkommen.

Jedes Ding hat seinen eigenen Strahl, durch
welchen es mit dem Strahlenwerk der
Schöpfung zusammenhängt. Der Kristall hat
seinen Strahl, und die ihn suchen, heissen
Strahler. Schau ein Lindenblatt an, und du
wirst sehen, dass es vom Stiel bis in die
Spitze von Strahlen durchzogen ist. Die
Sonne strahlt, und die Sterne strahlen.

Himmel und Erde sind voller Strahlen.
Der Schmied lehrte weiter: Er habe gele-
sen, dass alle weisen Männer Geometer ge-
wesen und den Strahlen nachforschten.
Gott ist der Obergeometer. Und was der
Pfarrer predigt, ist nichts anderes als vom
Gottesstrahl. Wer diesem folgt, kommt ins
Himmelreich. Dort ist der Mittelpunkt aller
Strahlen. In der Hölle sind keine Strahlen.
Diese ist klumpig und finster. Gegen die
Hölle ist meine Schmiede ein hell strahlen-
der Tempel.

Bei diesen Worten sah ich selbst den Russ
strahlen.

Und voll Zuversicht sprach der Schmied:
Und so lange noch die Sonne, die Blumen
und die Augen der Kinder strahlen, liegt
kein Grund vor, an dieser Welt zu verzwei-
feln oder Angst zu haben. Alles ist von
Hoffnungsstrahlen erfüllt. Die Schöpfung ist
ein klingendes Strahlenreich. – Unter den
Schlägen des Hammers tönte der Amboss
wie Glockengeläute.

Wenn es aber einst nicht mehr strahlt,
steht es bös um uns. – Dann ist das Lied
aus. Der Schmied legte seinen Hammer hin.
Der Amboss schwieg.

Die Augen des Schmiedes strahlten wieder, während er fortfuhr: Gott hat die Ämter verteilt. Wie der Pfarrer, so hat auch der Schmied seinen Strahl zu verwalten.
Ich frug ihn, ob der Doktor auch ein solches Amt habe. Und ob! rief er. Dieser erst recht! Beim Menschen steckt der Strahl nicht wie beim Pferd in den Füssen, sondern da, unter dem Schädeldach! –
Und er strich mir mit dem Beschlaghammer über den Scheitel: Das Ding im Schädel, worin der Strahl sitzt, heisst – jetzt ist mir der Name entfallen! Er klopfte sich selbst auf den Scheitel: Doch halt! Ich hab's! Zwirbeldrüse heisst das Ding! In dieser ist der Strahl! Von hier aus wird der ganze Mensch dirigiert. Wenn es dort hapert, oje, oje! Dann wird es dem Menschen zwirblig, und es ist mit ihm Matthäi am letzten. Frag nur deinen Vater! Ist einem der Strahl verrutscht, so rennt er mit dem Kopf gegen alle Wände, legt ihn gar auf den Boden und geht auf allen vieren drum herum.
Ich griff mit beiden Händen nach meinem Kopf, um mich zu vergewissern, ob er noch richtig sitze. Der Schmied lachte und zog mit der Zange das weissglühende Hufeisen aus dem Feuer.
Er legte es auf den Amboss und hämmerte drauflos, – wie der Teufel auf einer armen Seele.
So geht es in der Hölle zu! schrie er durch das Geklirr und Funkensprühen. Auch du wirst Amboss oder Hammer sein, hat einer gedichtet, der es auch mit Himmel und Hölle zu tun hatte.
Jetzt stiess er das Eisen in einen Kübel voll Wasser, dass es darin zischte und brodelte; die Blasen platzten auf – wimmernde Seelen, die über den Rand des schwarzen Kübels hinaus ins Licht springen möchten.
Das Hufbeschlagen ging weiter. Die Raspel surrte. Das Pferd stand geduldig auf drei Beinen. Das Eisen wurde nochmals erhitzt, um die Fläche des Hornschuhs eben zu machen. Ein dicker, beissender, gelbweisser Qualm stieg auf. Hier hast du einen Vorgeschmack der Hölle, sagte der Schmied. Ich roch ihn aber nicht ungern. Dann wurden

die Nägel etwas schief nach oben und aussen hin eingeschlagen.
Und während der Schmied alle die übrigen Handlungen mit Nietklinge und -zange ausführte, hörte ich ihm zu:
Da ist in aller Herrgottsfrühe, als noch kein Bein und keine Seele auf der Gasse war, einer in die Schmiede gekommen. Er trug einen Spitzbart, und auf dem Kopf sass ein grünes Hütchen mit einer grünen, spitzen Feder. Seine zusammengerollten Ohren waren lang und spitzig, die Nase dreimal so lang wie ein Hufnagel, ja noch länger.
Der Grüne war's! Er hinkte. Ich habe ihn gleich erkannt, mir aber nichts anmerken

lassen. Ohne weiteres hockte er auf den Amboss.

Was will der verdammte Kerl wohl, dachte ich bei mir. Am liebsten hätte ich ihn gleich mit dem Vorschlaghammer zu Brei zermalmt, aber er war mir doch etwas zu gross und zu unheimlich. Ich schaute mich nach einem Kreuzlein um, und da keines zuhanden, behielt ich Hammer und Zange fest in den Fäusten. Ich muss schon sagen, dass ich ein wenig zu schlottern anfing. In der Schmiede ging es plötzlich nicht mehr mit rechten Dingen zu. Das Feuer in der Esse wurde unruhig und stiess grüne Stichflämmchen empor. Der Besenstiel in der Ecke regte sich und fing leise zu krähen

an. Die rohen Eisenstangen, welche auf dem Boden lagen, drehten sich rasselnd um. Selbst der Amboss schien sich unter dem Hintern des Grünen wohlzufühlen, und er versuchte, sich wie ein Tanzbär aufzurichten. Aus allen Winkeln kicherte und raunte es. Sogar die Zange und der Hammer in meinen Händen wurden widerspenstig, und ich musste sie fester halten.

Ich frug den Grünen, was er wünsche. Er streckte mir das linke Bein mit dem Pferdefuss entgegen und sagte mit jammernder und hüstelnder Stimme: Es tue ihm da weh. Ich solle nachsehen, ob etwas drin stecke. All meinen Mut zusammenraffend, stocherte ich mit dem Hufmesser drin herum und stiess bald auf den Kopf eines Nagels. Währenddem legte ich den Strahl frei, und sah, dass dieser in verkehrter Richtung lief. So, dachte ich, da haben wir's! Daher kommt's, das Böse! Eine innere Stimme flüsterte: Gib dem Grünen einen Denkzettel für das, was er schon alles angestellt hat! Ich rief alle Heiligen an – und schnitt den Strahl heraus. Der Grüne merkte nichts. Ein abscheulicher Gestank wie von faulen Eiern schlug mir entgegen, dass mir fast übel wurde. Dann erst packte ich mit der Zange zu und hielt dem Grünen einen langen, rostigen Nagel unter die Nase. Der Grüne stellte seinen Klumpen wieder auf den Boden, erhob sich vom Amboss und fragte, was er schuldig sei. Ich rief: Um Gotteslohn! Bei diesen Worten zuckte der Teufelsknecht zusammen. Aber bald streckte er sich wieder aus und sagte, er wolle mir so viel geben, dass ich für mein ganzes Leben mehr als genug hätte, wenn er mit mir noch in einer kleinen Sache handelseinig werden könnte. Oha, dachte ich. Aufgepasst! Jetzt kommt der Höllensohn mit seinem alten Kniff. Und zur rechten Zeit erinnerte ich mich, dass ich in einem Schächtelchen Weihrauchkörner aufbewahrt hatte, die ich vom Sakristan erhalten. Einen Augenblick! sagte ich höflich zum Grünen und holte das Schächtelchen. Schnell streute ich ein paar Körner in die Esse und zog den Blasebalg. Sobald sich der Duft und Rauch des himmlischen Gewürzes ausbrei-

Sobald er aber den Pferdefuss wieder abstellte, stiess er mit der Nase gegen eine Hauswand, zwirbelte auf die andere Seite der Gasse hinüber und fiel auf einen Miststock. Er hüpfte wieder und glitschte durch eine Güllenlache, dass es rings um ihn aufspritzte. So ging es weiter im Zickzack, bald rechts herum, bald links herum, wie bei einem Hopser.
Und als das Glöcklein zur Frühmette läutete, schlug es den Grünen um die Ecke herum – und er verschwand.

tete, fing der Grüne fürchterlich an zu niesen. Und er humpelte, so schnell er konnte, zur Schmiede hinaus.
Mitten auf der Gasse blieb er stehen und warf mir grimmige Blicke zu. Ich schüttete erneut Körnchen in die Gluten und zog den Blasebalg immer schneller.
Die Weihrauchwolke näherte sich dem Grünen. Dieser versuchte zu entkommen. Er drehte sich auf dem Pferdefuss, bald links herum, bald rechts herum. Und er konnte die Richtung nicht finden, Er hatte ja keinen Strahl mehr! Dann hüpfte er auf dem menschlichen Fuss die Gasse hinauf.

Johanna

Zur Zeit der Kirschenblüte war's, als ich Johanna zum ersten Male sah. Sie kam vom Tische des Herrn und ging, in sich versunken, im weissen Kleid über den Dorfplatz. Johanna war die Tochter des blinden Schäfers. Sie wohnte etwas abseits vom Dorfe in einem weissen Häuschen, welches von einem kleinen Garten umgeben war, in dem Blumen und Gemüse in reinlicher Pflege wuchsen. Vor den Fenstern leuchtete das Rot der Geranien. An den Garten anschliessend, begann das Grün der Wiesen, das sich in die weite Ferne ausbreitete.

Oft erblickte ich den blinden Schäfer auf der Wiese, von ein paar Schafen umringt, die seine Freude waren. Auch Johanna sah ich jeweils, den Vater am Arme führend. Johanna war das lieblichste Mädchen. Wenn ich die Ferien meiner Studienzeit in der Heimat verbrachte, ging ich hinaus, um sie zu sehen.

Als Johanna aus der Schule kam, erlernte sie bei ihrer Mutter das Weissnähen und trug so dazu bei, die Not der Familie zu lindern.

Mein Vater erzählte mir, dass dem Schäfer, welcher früher die grosse Herde auf die fernen Hügel führte, ein Dorn ins Auge gedrungen sei, als er in der Dämmerung nach einem im Walde verlaufenen Schafe suchte. Die Entzündung des verletzten Auges griff nach wenigen Tagen auf das gesunde über, und so hat der Schäfer das Licht beider Augen verloren.

Kaum hatte ich meine Studien abgeschlossen, als ich unerwartet die Praxis meines Vaters übernehmen musste. Der Vater lag tot im Hause, und schon musste ich zu meinem ersten Kranken. – Es war Johanna.

Vom Dorfe her standen am Wege zum weissen Häuschen auf beiden Seiten Kirschbäume in dichten Reihen. Dieser Weg zweigte dann in die Wiesen und Felder ab und führte in verschiedenen Richtungen zu den nächsten Dörfern. Ich benützte, um zu meinen Kranken zu gelangen, diese Feldwege immer, obgleich sie von den Steinen etwas holperig und nach Regenwetter gefurcht waren. Die Heeresstrasse, welche auf den weiter westwärts gelegenen Höhen lag, und deren Abzweigungen ebenfalls zu den Dörfern hinabführten, konnte ich so umgehen.

Es war Frühling, als ich zu Johanna gerufen wurde. Die Äste der Kirschbäume trugen ein weisses Gewölbe, durch das die Bläue des Himmels schimmerte. Die weissen Blütenblätter fielen auf den Rücken des Rappen, und auch mein schwarzer Hut war von ihrem Weiss bedeckt. Ringsum glänzte das frische Grün der Wiesen und das Braun der umgebrochenen Felder. Die weissen Flokken fielen ununterbrochen herab, und der Gesang der Amseln wetteiferte mit dem Blühen.

Ich trat ins weisse Häuschen ein. In der Stube lagen auf dem Tische die Linnen aufgehäuft, und die Mutter sass darübergebeugt. Die stille, blasse Frau reichte mir die Hand. Ich spürte ihre Finger, die von den vielen Stichen der Nadel rauh geworden waren. Sie führte mich in das Zimmer ihrer Tochter.

Johanna lag in einem schneeweiss überzogenen Bette. Der kleine Raum mit den weissgetünchten Wänden wurde von einem einzigen Fenster erhellt, dessen Vorhänge zurückgezogen waren. Draussen auf der Wiese stand der blinde Vater inmitten seiner Schafe. In der Nähe von Johannas Bett war ein Tischchen mit einem Glas Frühlingsblumen darauf. Neben einem Kasten aus rötlichem Kirschbaumholz hing ein kleines Gestell, auf dem ein paar Bücher lagen. Die Wand über Johannas Bett war mit einem Bild geschmückt, welches ein schmaler, goldner Rahmen einfasste. Ich erinnere mich nicht mehr, was das Bild darstellte. Johanna erschien mir von noch grösserer Anmut. Die goldbraunen Zöpfe trug sie zu einem Kranz um den Kopf gewunden. Ihre milden, dunklen Augen blickten unter einer klaren Stirne hervor. Die Nase bildete eine feine gerade Linie. Der Mund mit den leichtgeschwungenen Lippen war klein und das Kinn rund.

Johanna litt an einer Erkältungskrankheit. Ihre Mutter zeigte sich besorgt um sie.

strahlte aus ihren Augen. Sie ging schnell ins Haus hinein und kam mit einem Stück Brot für den Rappen zurück. Das Pferd schob das auf der flachen Hand Dargebotene mit den Lippen zwischen die Zähne. Johanna sah blühend aus. Ihre braunen Augen leuchteten. Die Brust, noch durch keine Leidenschaft erregt, atmete sanft, und Unschuld lag auf ihren halbgeöffneten Lippen. Eine innere Scheu liess in ihrer Nähe keine leeren Worte in mir aufkommen. Wenn Johanna ins Dorf kam, freuten sich die Leute bei ihrem Erscheinen. Sie war zu allen freundlich, und überall war Arbeit für sie bereit. Kam sie zu Armen und Kranken, brachte sie ihnen Blumen und Früchte aus ihrem Gärtchen mit. Ein inneres, übersinnliches Glück strahlte von ihr aus. Und wer ihr begegnete, wurde von der Freudigkeit und Schönheit ihres Gemütes ergriffen.

Im Herbst des folgenden Jahres wurde ich zu Johannas Mutter gerufen. Die Krankheit kündigte sich durch hohes Fieber an. Dann folgte ein schwerer Husten mit heftigem Stechen auf der Brust.

Alle Mittel halfen nichts. Die Lebenskräfte der blassen Frau zerfielen rasch. Johanna pflegte sie Tag und Nacht. Ein Blutsturz erfolgte, und ihr Ende nahte. Im Stübchen sass der Pfarrer beim blinden Schäfer und bereitete ihn auf das schwere Ereignis vor. Johanna war ruhig und gefasst.

Die Mutter verschied in ihren Armen.

Der grosse Schmerz hatte rote Kreise um Johannas Augen gezogen. Sie unterdrückte ihr Schluchzen. Und als ich ihr unter der Haustür die Hand gab, hielt sie das Haupt vornübergebeugt. Ihre Tränen tropften auf meine Hand. Draussen scharrte der Rappe mit den Vorderhufen. Ich brachte ihm das Stückchen Brot, welches Johanna selbst diesmal nicht vergessen hatte.

Eine weisse Schneedecke lag über die Erde ausgebreitet, als die Mutter zur letzten Ruhe an den schwarzen Kirschbäumen vorbeigetragen wurde.

Doch schon nach wenigen Tagen waren durch das Chinin, welches ich ihr verabreichte, die Schweissausbrüche und das glühende Rot auf den Wangen verschwunden. – Ich war stolz auf diesen raschen Erfolg bei meinem ersten Patienten. Gegen die Blässe ihres Gesichtes und die dunkeln Ringe um ihre Augen verordnete ich noch Eisenpillen. Und als ich nach einigen Tagen wieder hinkam, erblickte ich ihre liebliche Gestalt im Grün der Wiese bei ihrem Vater. Ich begrüsste sie. Ein freundliches Lächeln

Im Frühling standen die Bäume wieder in weisser Pracht. Und wenn ich am weissen Häuschen vorüberfuhr, hielt der Rappe ungeheissen an, spitzte die Ohren und drehte den Kopf nach Johanna. Ich ging auch oft ins Stübchen und begrüsste den blinden Schäfer, der am Fenster sass. Und ich sah Johanna an sonnigen Tagen mit dem Vater auf der Wiese stehen und die Schafe in ihrer Nähe weiden.

Das schöne Bild Johannas schwebte immer vor mir. Ich fuhr am weissen Häuschen vorbei, auch wenn es nicht gerade am Wege zu meinen Kranken lag. Und der Rappe trabte schneller.

Als ich einmal mit Johanna allein im Gärtchen war, suchte ich nach Worten, um ihr zu sagen, was sie mir bedeutete. Sie errötete. Doch ich hatte kaum die ersten Worte hervorgebracht, als der blinde Vater, mit ausgestreckten Händen sich an der Hauswand hintastend, daherkam. Ein schmerzvoller Blick aus Johannas Augen traf mich. Sie liess meine Hand los und eilte zu ihm. Ich erkannte, dass für sie ihre einzige Aufgabe in der Sorge um den immer hilfloser und gebrechlicher werdenden Blinden bestand. Und ich verschloss mein Verlangen in der Tiefe meines Herzens.

Einige Jahre gingen vorüber. Ein nasser, unbeständiger Winter kam. Eiswinde wechselten mit Föhneinbrüchen. Auf warme Tage folgten solche mit kalten Regengüssen. Der dunkelblaue Kranz der Berge rückte näher und war nach wenigen Stunden wieder von drückenden Nebelmassen und frostigen Schneeschauern verdeckt.

Diese ungesunde Witterung brachte viele Krankheiten. Die Lungenentzündungen traten in beängstigender Zahl auf und zeigten schon am Anfang bedrohliche Anzeichen. Es war eine bange Zeit, den neunten Tag abwarten zu müssen, bis die Krisis überstanden war.

Ich hatte Tag und Nacht in allen umliegenden Dörfern zu tun. Mein Rappe magerte ab und sank im Stall vor Ermüdung aufs Stroh. Um ihn zu schonen, musste ich ein zweites, ein drittes Pferd einspannen. In Bedrängnis rang ich oft die Hände, denn weit und breit war ich der einzige Arzt. Befand ich mich an einem Orte, so sollte ich zugleich an vielen andern sein.

Der Tod hielt die gewohnte reiche Ernte. Auch der blinde Schäfer erkrankte. Trotz Johannas hingebender Pflege starb er nach wenigen Tagen.

Ein Frost ohne Schnee hatte über Nacht die zu früh hervorgebrochenen Blüten der Kirschbäume zerstört. Vereinzelte weisse Blütenblätter trieb der Wind auf das stumme Geleite herab.

Am andern Tage ging ich zu Johanna. Die Schafe standen dicht zusammengedrängt in der gedeckten Einhegung neben dem Häuschen. Ich fand Johanna im Stübchen sitzend. Auf dem Tische lagen die vielen Linnen. Sie musste gebetet haben. Ihre Hände waren noch gefaltet.

Johanna richtete ihre Augen, um die sich wieder die roten Schmerzensringe gezogen, auf mich. Als sie ihre Hände gelöst hatte, nahm ich diese in die meinen. Wir sprachen kein Wort. Unsere gemeinsamen Tränen fielen auf die vereinigten Hände.

So sassen wir lange. Das Stübchen wurde vom ersten Frühlingsschein erhellt. Johanna, sagte ich leise, dein Name bedeutet ja Frühlingsschein. Mit seligem Demutsblicke lächelte sie mich an.

Es kam für mich eine Zeit des reinen Glückes. Ich wollte die Tage der Trauer vorübergehen lassen, um Johanna dann endlich zu eröffnen, was ich im Herzen verschlossen trug. Frühlingsschein umgab mich.

Wenn ich zum weissen Häuschen fuhr, bewegte der Rappe seine Ohren hin und her, bis ihm Johanna das Gewohnte brachte.

Die Frühlingswärme trieb das helle Grün aus den Kirschbäumen hervor. Die Wiesen prangten in allen Farben, und ein frischer Duft erfüllte die Welt. Das sanfte Blöken der Schafe war hinter dem Häuschen vernehmbar.

Die Zahl meiner Kranken nahm ab, und ich freute mich auf die Sonntage, die ich bei Johanna zubringen konnte. Ihr Stübchen war bald vom Sonnenlicht und bald vom Licht ihrer Seele erhellt. Und ich nahm dieses Licht in mich auf und trug es zu meinen

Kranken. Eine unterschiedslose Güte und Liebe zu den Menschen erfüllte mich. Und wo ich Leid und Kummer fand, begegnete ich ihnen in Johannas Namen.

Während ich so das heilige Gut von Johannas Seele verschenkte, wurde sie selber immer blasser. Ihr geschwächter Zustand begann mich zu beunruhigen. Ich sah, dass eine Krankheit an ihr zehrte. Eine bange Ahnung überkam mich.

Wie bei ihrer Mutter, trat auch bei Johanna ein hartnäckiger Husten mit Bruststechen und anhaltendem Fieber auf. Sie musste sich zu Bette legen. Als das Übel nach ein paar Wochen nicht zu beheben war, zog ich einen alten Arzt zu Rate, in dessen Erfahrung ich grosses Vertrauen setzte. Nach langer Fahrt traf dieser ein. Aber auch er konnte mir keine Hoffnung mehr machen.

Den ganzen Sommer und Herbst lag Johanna in ruhiger, gottergebener Fassung. Wenn ich ins Zimmer trat, lächelte sie mir ihren holdseligen Gruss entgegen. Ich ergriff dann ihre Hand und betrachtete die Blütenweisse ihres Antlitzes und den demutsvollen Glanz ihrer Augen.

Das ganze Dorf nahm Anteil an ihrem Leiden. Johanna bat die Krankenschwestern, welche sie abwechselnd pflegten, von den vielen Gaben, die von überall her gebracht wurden, nur den kleinsten Teil zu ihrem Gebrauche zu nehmen und das Übrige an die Armen zu verteilen.

In den letzten Tagen des Herbstes, als die Kirschbäume ihre blutroten Blätter fallen liessen, schien sich ihr Zustand zu bessern, und sie konnte sogar wieder am Fenster sitzen und sich der Sonnenwärme erfreuen. Die Schafe drängten sich an das niedrige Gesimse heran und streckten ihre Köpfe herein.

Der lange Winter war für Johanna wiederum eine schwere Leidenszeit. Ich möchte, sagte sie leise zu mir, noch den Frühling erwarten und noch einmal in Mitfreude das Blühen erleben. Sie lehnte ihr Haupt müde auf das Kissen. Ihr Antlitz schien entrückt.

Johannas Wunsch ging in Erfüllung. Als die Bäume auf allen Hügeln und ringsum auf den Wiesen und Feldern in vollem Bluste standen, schlummerte sie, während ich ihre Hände hielt, sanft hinüber. Der Frühlingsschein lag auf ihrem Antlitz, und Friede strahlte von ihm aus, dass selbst der Tod seine Härte verlor.

Mein alter Rappe zog den schwarzen Wagen, auf dem der weisse Sarg lag. Das Tier hielt den Kopf gesenkt, als ob auch es den schmerzlichen Verlust mitfühlte. Der Weg durch die Allee war mit weissen Blütenblättern bedeckt. Und ununterbrochen rieselten sie herab.

Das Schulmeisterlein

Als der alte Schulmeister starb, kam ein junger, dem der erste Flaum ums Kinn spross. Er war von zierlichem Wuchs und hatte rote Backen. Seine schwellenden Lippen bekam er vom vielen Flötenspielen.
Am Dorfbach wohnte er, in einem kleinen Haus, nicht weit von mir. Ich hörte ihn oft die Nächte hindurch auf der Flöte blasen. Und sein Spiel erfreute mich. Auch tags, wenn die Schule aus war, blies er dem Bach entlang, bis in die Wälder hinaus.
Unser Schulmeisterlein bringt den Forellen ein Ständchen, wurde gespottet. Die Bauernmädchen kicherten, denn sie nahmen ihm übel, dass er sich nicht um sie kümmerte.
In der Schule ging's anfangs gut. Die Kinder sangen begeistert die Lieder, welche er auf der Flöte begleitete. Der Inspektor war des Lobes voll.
Der Pfarrer bat den Schulmeister, sich auch auf der Orgel zu üben, damit er den Dienst in der Kirche versehen könnte. Doch er weigerte sich: Die Orgel sei ein schwerfälliger Kasten, den man mit Händen und Füssen traktieren müsse, und dazu eigne er sich nicht.
Es gab böses Blut, als aus dem Nachbardorf der Organist, der auch Schulmeister war, am Sonntag herüberkommen musste, denn mit einer stillen Messe waren die Gläubigen nicht zufrieden. Und das Dorf sah sich in seinem Ansehen geschädigt. Zu all dem kostete es manchen Batzen mehr, besonders an hohen Feiertagen, bei Taufen und Hochzeiten.
Dem Schulmeister wurden Vorhaltungen gemacht, und die Folge war, dass er die Kirche nicht mehr besuchte, und jetzt sogar sonntags mit seiner Flöte in die Wälder wanderte.
Weiss der Kuckuck, was er dort treibt, sagten die Leute. Und sie schimpften über ihn bei Tisch. Die Kinder horchten begierig auf, und bald verlor der Schulmeister die Gewalt über sie. Ja, sie schnitten hinter seinem Rücken Gesichter und machten ihm eine lange Nase. Und das war schlimm.

Der Gesang in der Schule verstummte.
Als der Schulmeister in einer Sommernacht die Flöte spielte, wurde ihm das Fenster eingeworfen. Des andern Tags ging ich hinüber. Das Stübchen war vom Rauschen des Baches erfüllt. Der Schulmeister sass am offenen Fenster und träumte vor sich hin. Die Flöte lag auf seinen Knien. Ich legte ihm die Hand auf die Schulter und gab ihm ein liebes Wort. Er schaute mich an aus den verträumten Augen, über welche die gebogenen Wimpern hingen und blickte in die Ferne.
In den warmen Nächten zog es ihn in die Wälder hinaus, immer dem rauschenden Bach entlang. Die Töne seiner Flöte quollen aus der Stille der Wälder.
Eine schöne Zigeunerin hat es unserm Flötisten angetan, verbreitete der Wildhüter, der alte Fuchs. Und als einmal eine junge, schlanke Zigeunerin Körbe im Dorfe verkaufte und vor des Schulmeisters Häuschen lachend stand, dass ihre weissen Zähne gesehen wurden, und ihm eine Waldrose zuwarf, kam der Schulmeister in Verruf. Die Leute begehrten auf: Solch einem Herumstreicher sollen wir unsere Kinder anvertrauen!
Eines Tages ging das Gerücht um: Beim Vollmond, im tiefen Wald, da, wo der Bach aus einem kleinen dunkeln Weiher fliesst,

hätte der Wildhüter Töne gehört und sei ihnen nachgeschlichen. Der Schulmeister stand an einen Baum gelehnt und blies die Flöte. Und da sei – der Wildhüter hätte seinen Augen kaum getraut – hoch und schlank wie die Feuerlilie, eine junge Zigeunerin splitternackt aus dem Weiher aufgetaucht. Wasser und Mondlicht seien von ihren glänzenden Gliedern getropft. Der Schulmeister hätte immer wilder geblasen, und die Zigeunerin habe um ihn herum getanzt.

Nicht lange nachher wurde beim Schulmeister, während er Unterricht gab, eingebrochen und ihm die Flöte gestohlen. Daraufhin erschien dieser einige Tage nicht in der Schule und war wie verschollen. Auf einen Abend wurde er vor die Schulpflege, deren Mitglied ich war, geladen. Er kam nicht. Ich anerbot mich, ihn zu holen.

Die Haustüre stand offen, und ich rief freundlich nach ihm. Es erfolgte keine Antwort. Ich suchte ihn um das Häuschen herum und blieb am Bache stehen. Ich hörte das Rauschen der Wasser – und von weither, von einem Hügel herab, die Töne der Flöte. Diese wurden immer weicher und leiser und versanken dann hinter dem Hügel. – Und nur die Wasser rauschten. Vom Schulmeisterlein hörte ich nie mehr.

Himmelssteine

Steine fielen vom Himmel. Auf die Dächer unseres Dorfes schlugen sie. Und dies geschah in einer lauen Sommernacht, als der Mond im ersten Viertel stand. Die zerbrochenen Ziegel rutschten mit unheimlichem Geräusch herab, blieben in der Dachrinne stecken oder schmetterten auf die Gasse hinunter.

Auf dem Kirchendach klapperten die Störche. In den Höfen heulten die Hunde. Das halbe Dorf streckte die Köpfe hinaus und verrenkte sich fast die Hälse. Was ist los? rief es von allen Seiten. Dann trat wieder Stille ein, und nur die Fledermäuse trieben ihr Wesen in den Lüften mit nimmerruhendem Flattern und machten scharenweise Jagd auf die letzten Junikäfer.

Am Morgen wurden über faustgrosse Kieselsteine gefunden. Die kommen vom Himmel, hiess es. Es sollen ja Steine aus den Sternen fallen, wenn diese Löcher bekommen. Der Landjäger, welcher einen halbpfündigen Wacken in der Hand hielt, sagte: Man verdächtige doch nicht den lieben Gott und schreibe ihm solche Dummheiten zu. Dieser hat anderes zu tun. Der Gemeindepräsident war der Meinung, dass die Steine aus dem Bache stammten oder aus der Kiesgrube.

Und als der Mond um ein weiteres Viertel gewachsen war, hagelte es wieder Steine, und einige Ziegel barsten. Ein gottloser Schlingel will uns Schrecken einjagen, wurde geredet. Nur abwarten, den kriegen wir schon! Sein Vater kann sich freuen, wenn er den ganzen Schaden blechen muss! Der Krämer äusserte die Ansicht, dass diese Steine unmöglich aus einer andern Richtung kommen könnten, als von weit oben her. Auf den Sternen werde es ja auch Bäche und Kiesgruben geben.

Als einige Wochen nichts mehr eintraf, liess man die Sache auf sich beruhen, und die Dächer wurden geflickt. Aber der geheimnisvolle Fall beschäftigte noch lange die erregten Gemüter. Und jeder wollte einen Stein besitzen, wenn auch dessen himmlische Herkunft noch nicht gesichert war. Der Krämer soll mit ihnen sogar ein Geschäft gemacht haben.

Auch mein Dach hatte eins abbekommen. Der Stein war rund und bestand aus schönem, reinem Quarz. Ich gebrauche ihn noch heute als Briefbeschwerer.

Nach einiger Zeit, es war in der Nacht auf einen Sonntag, als die helle Kugel des Mondes über den Dächern leuchtete, ging es wieder los. Diesmal prasselten die Steine hauptsächlich auf das Dach des Wirtshauses. Die Gaststube war dicht besetzt, und der Tabaksqualm zog durch die offenen Fenster. In kurzen Abständen fielen die Steine. Alles sprang von den Tischen.

Der Landjäger stand unter der Haustür und schaute zum Himmel hinauf. Die zitronenhelle Scheibe des vollen Mondes schwebte still zwischen ein paar Lämmerwölkchen. Aber nur die schwarzen, zuckenden Flecken der Fledermäuse schwärmten umher. Da, bums! schlug es wieder aufs Dach. Himmel-

donnerwetter! Sternenhagel! fluchte der Landjäger, jetzt glaube er auch, dass die Steine vom Himmel kommen. Man ist ja unter Gottes freiem Himmel nicht einmal mehr des Lebens sicher! Der Wirt jammerte: Das ganze Dach gehe ihm kaputt! Er habe es erst neu decken lassen!

Ein alter Bauer sagte: Da fahre er mit seinem Strohdach besser. Von diesem prallten die Steine ab.

Am Sonntagvormittag, als die Kirche aus war, schauten sich die Leute die zerbrochenen Ziegel und die Löcher in den Dächern an. Es war eine grosse Aufregung. Das ist allerhand, hörte man sagen. Die Gemeinderäte werweissten hin und her und machten lange Gesichter. Dann versammelten sie sich zu einem kühlen Trunk unter der Laube des Wirtshauses. Hier war man wenigstens vor den Steinen sicher. Das leise Zwitschern der Schwalbenbrut an der Hauswand wirkte beruhigend.

Wenn es so weitergehe, müsse man nachts Kupferkessel über die Köpfe stülpen, meinte einer. Das ist eine gefährliche Sache! Der kleine, hagere Schneider, der gewöhnlich nach dem Gottesdienste schnurstracks nach Hause eilte, blieb stehen und sagte: Es sind apokalyptische Steine! Was das sei, frugen die Leute. Sie sind Vorzeichen vom Letzten Gericht, belehrte sie der Schneider. Die Menschen müssen sich bessern! Mit erhobenem Zeigefinger und stechenden Augen stand er da. Seine Zuhörer wurden immer gespannter. Der Schneider musste es ja wissen! Denn es war bekannt, dass dieser eifrig in der Bibel las. Und von ihm wurde gesagt, er führe ein frommes Leben, sorge für seine alte Mutter, und in seinem Handwerk sei er fleissig und zuverlässig. In den von ihm gemachten Anzügen dürfe man sich überall sehen lassen. Der Schneider sei lange auf der Wanderschaft gewesen, und da habe er mancherlei erfahren können, was gewöhnliche Sterbliche nicht wissen. Ja, er kenne die Bibel besser als der Pfarrer!

Die Meinungen über die Herkunft der Steine waren verschieden. Die einen glaubten bestimmt, dass es hier nicht mit rechten Dingen zugehe, und dass die Steine Winke von oben seien. Andere waren der Ansicht, dass sie doch aus der Kiesgrube stammten und dass alles ein böswilliger Nachtbubenstreich sei. Der Landjäger soll doch endlich diese Lauskerls an den Ohren herbringen! Dieser kratzte sich verlegen am Hinterkopf.

In den nächsten Mondnächten wurden an verschiedenen Ecken des Dorfes Posten aufgestellt. Der Landjäger patrouillierte von einem Vordach zum andern. Vorsichtshalber hatte er seinen Tschako mit Stroh ausgestopft. Und wieder ging es in der Samstagnacht los. In rascher Folge fiel Stein auf Stein. Der abnehmende Mond sank hinter die Dächer hinab.

Jetzt trafen die Steine auch das Kirchendach. Ja, ein Fenster im Chor wurde eingeschlagen, und der runde Kiesel rollte bis zur Kanzel hin. Die Störche, die am Brüten waren, hüpften auf dem Neste umher, klapperten und streckten schützend ihre Fittiche aus. Nachtbuben wurden keine gefasst, und Verdächtige, auf die man ein scharfes Auge warf, wusste man in den Betten.

Am Sonntagmorgen, als der Pfarrer zur Kirche schritt, wurde er von den Gläubigen umringt. Aber selbst er wusste keinen Rat und sagte nur: Wir müssen beten, dass das Unheil aufhört.

Die Bewohner waren besonders empört wegen der Gefahr, die den geliebten Störchen drohte. Das wäre traurig, wenn diese unschuldigen Tiere getroffen würden! Sie seien für die Gemeinde stets ein Segen gewesen. Der Wildhüter sagte: Es kann ihnen doch nicht zugemutet werden, Kieselsteine auszubrüten!

Auch über den Stein, der vor die Kanzel gerollt war, wurde allerlei gesprochen: Der Pfarrer ist viel zu sanft in seinen Predigten, jetzt soll er einmal vom Leder ziehen!

Die Kirche war gestossen voll. Andächtig wie selten wurde den Worten des Pfarrers gelauscht. Er predigte von David, dem Hirtensohn, welcher dem hochmütigen Goliath einen Stein an die Stirne warf. Die Leute sassen geduckt in den Bänken, und jeder sah schon einen Stein daherfliegen, der es auf ihn abgesehen hat.

Nach dem Amte standen sie unter den Dächern zusammen und schauten nach dem Storchennest und nach dem Himmel.

Der Schneider lobte die Predigt: Das hat der Pfarrer richtig gesagt! Aber er wisse noch mehr! Es sind Erweckungssteine! In der Bibel steht, dass Berge und Felsen über uns hereinfallen werden. Wenn der Mond rot wie Blut geworden, dann gibt es Donnerschläge, Blitze und Erdbeben. Und nicht nur Steine sausen herab, sondern ganze Klumpen von Sternen. Der Schneider ereiferte sich immer mehr, und seine prophetische Stimme schrillte über den Dorfplatz.

Der Totengräber, dessen kahler Schädel wie sein Grabscheit glänzte, stand auch herum und setzte hinzu: Die Steine sind eine Strafe für das viele Fluchen. Es wird bei uns zu viel geflucht! Wenn für jeden Fluch ein Stein vom Himmel fallen würde, so gäbe es bald keinen einzigen Ziegel mehr auf den Dächern. Und es schadete auch nichts, wenn dazu noch ein paar Fressen eingeschlagen würden. Ihn dauerten nur die Störche! Sie sind ein Vorbild für uns Menschen in ihrem Familienleben und haben noch gesunde Triebe, die uns abhanden gekommen sind.

Und der Totengräber erzählte ein Exempel: Da ist vor langer Zeit einmal der Küster, dieser Himmelsakermenter, aufs Kirchendach geklettert und hat ein Gänseei ins Storchennest gelegt. Was geschah? Das hättet ihr sehen sollen! Als die Brut ausgeschlüpft war, flog der Storchenvater schleunigst weg und kam bald mit andern Störchen zurück. Die Vögel besannen sich nicht lange und stachen mit ihren Schnäbeln die Jungen samt der Störchin tot. Sie machten kurzen Prozess! Daraufhin wurde ein paar Jahre lang kein Storch mehr auf dem Rad gesehen. Das hatte der Küster auf dem Gewissen!

Ja, ergriff der Schneider das Wort, auch die Steine sind der Anfang eines Gerichtes. In der Bibel heisst es: Der Herr lasse einen sehr grossen Hagel regnen. Die Plagen können zunehmen, Hagel und Feuer untereinanderfahren, so grausam desgleichen noch nie gewesen. Die Sonne könne sich noch verfinstern. In der letzten Nacht habe er schon einen Kometenschweif aus dem Himmel hängen sehen. Die Umstehenden schauten in die Höhe und sahen nichts als die heitere Bläue. Die Schwalben schossen wie Pfeile vorbei.

Der Landjäger mischte sich ins Gespräch: Wir sind doch keine grösseren Sünder als in andern Dörfern, und auf diese sind noch keine Steine gefallen. Man soll doch das Maul nicht so voll nehmen und die Sache ihm und dem Pfarrer überlassen. Die Steine sind aus dem Dorfbach! Wenn sie vom Himmel kämen, so wären sie nicht rund, sondern durch die lange Fahrt spitzig zugeschliffen und würden keine Spuren von unserm Dreck tragen. Und der Landjäger zog einen Stein hervor und zeigte auf ihm den eingetrockneten Schlamm. Die Umstehenden lachten, und David – so hiess nämlich der Schneider – ging nach Hause, geheimnisvolle Worte vor sich hinmurmelnd.

Einen Monat ereignete sich nichts. Die Wachen standen vergeblich, und der Landjäger trabte umsonst von einer Ecke zur andern. Doch als sich abermals das silberne Horn des Mondes über den Dächern erhob, fielen wieder Steine. Die Hunde heulten, und auch die jungen Störche, die inzwischen ausgeschlüpft und schon flügge geworden waren, legten die Hälse zurück und klapperten. Der Spuk dauerte nur wenige Minuten, und glücklicherweise wurde niemand verletzt. Es kostete wieder ein paar Ziegel.

Wer in diesen Nächten ausgehen musste, trug einen Kupferkessel oder ein Zinngeschirr auf dem Kopf oder hielt schirmend ein Brett über sich. Den Leuten war es himmelangst. Grössere Klumpen fielen zwar nicht herab. Von den Dächern hörte man das scharfe Gequiek der Käuzchen. Der Landjäger machte keinen Fang.

Als in den nächsten Monaten die Bedrohung von oben aussetzte, vergass man den

Schreck und schimpfte nur noch über die entstandenen Kosten. Einzig der Schneider hielt hartnäckig an seiner Prophezeiung fest.

Und ein paar Geängstigte versammelten sich wöchentlich in seiner Stube, und David, auf der Schneiderbrücke stehend, las aus der Bibel vor. Er kannte die Bibel von hinten bis vorn und führte Stellen an, dass den Versammelten die Haare zu Berge stiegen. Die Angst fuhr ihnen in die Knochen, und sie getrauten sich in der Nacht kaum nach Hause, besonders, wenn der Mond am Himmel hing. Sie schauten auch nach dem Kometenschweif aus. Die Sprache dieser fromm gewordenen Brüder nahm einen weichen biblischen Ton an. Die Hosenböden hingen ihnen herab.

Und beim Abschied tönte es aus den Kesseln: Der Himmel schütze dich! Der Herr geleite dich! Und sie hielten sich lange an den Händen und verdrehten die Augen nach oben.

Der Winter ging vorbei. Ich musste die kranke Mutter des Schneiders besuchen. David wohnte in einer Hütte auf einem steilen Hügel, der sich südwärts hinter dem Dorfe erhob. Himmelreich hiess die Anhöhe. Sie war nur mit dem Häuschen des Schneiders besiedelt.

Es bereitete mir immer Freude, vom Himmelreich aus den ersten ungelenken Flugversuchen der jungen Störche zuzusehen. Unten lag das Dorf mit den hellen Riegelwänden und den grauen Dächern um die Kirche geschart. Die weissen Punkte der Gänse marschierten in Reih und Glied dem Dorfbach zu. Von hier oben waren die Menschen niedlich anzuschauen, die Pferde und Ochsen wie Spielzeug so klein. Die Welt schien voller Harmonie.

Davids Hütte lag inmitten einer Wiese. Ein schmaler Pfad führte zu ihr. Nicht weit von der Haustüre stand ein junger Apfelbaum. Bei meinem ersten Krankenbesuch, es war Ende März, die Frühlingswinde hatten die Schneedecke soeben weggefegt, lagen da und dort noch einzelne weisse Häuflein. Das Apfelbäumchen streckte seine kahlen Äste zur wärmenden Sonne empor.

Als ich in die Hütte trat, hockte der Schneider auf seiner Brücke. Ein kleiner Eisenofen strahlte starke Hitze aus. Die Schneider sollen ja immer frieren! Eine mächtige Zuschneideschere und eine Elle lagen links und die aufgeschlagene Bibel rechts von ihm.

Im ersten Augenblick konnte David nicht reden, da er mit seinen schmalen Lippen eine Reihe Stecknadeln festhielt. Über seine Stirne hing das helle, struppige Haar in verworrenen Strähnen bis auf seine Stülpnase herab. Er schien fleissig gearbeitet zu haben, denn überall lagen angefangene Kleidungsstücke herum. Seine Hände waren mit Nähen vollbeschäftigt. David schüttelte das Haar aus dem Gesicht, richtete seine stechenden Augen auf mich und deutete auf eine Nebentüre. Diese führte in die Küche. Dort sass seine kleine, magere Mutter auf einem Bänklein, den Kopf auf den Tisch gelegt. Ihre Nasenflügel hoben und senkten sich rasch. Die heftigen Stösse des Herzens waren durch die Schürze hindurch sichtbar. Sie zeigten ein schweres Herzleiden an. Nachdem ich die Leidende untersucht hatte, gab ich die nötigen Ratschläge und machte ihr Hoffnung, dass die Herzmittel bald helfen würden.

Ich ging wieder in die Schneiderstube. David stand neben der Brücke. Er blies in die glühende Holzkohle des Bügeleisens und begann dieses zu schwingen. Auf der Brücke lag das Bügelkissen mit einem genähten Ärmel zum Plätten bereit.

Ich klärte David über den Zustand seiner Mutter auf und legte ihm ans Herz, ihr keine Aufregung zu bereiten und möglichst bald die Mittel zu holen. Das Eisen schwingend, sagte er: Er bete für sie. Von meinen Mitteln halte er nicht viel. Und er blies wieder in die Schlitze des Eisens und fuhr fort, es zu schwingen. Die Hemdärmel hatte er zurückgeschlagen.

Mir fielen seine dünnen, fedrigen Arme auf, die zu seinem übrigen schmächtigen Körper etwas zu lang waren. Ich dachte, dass diese langen Arme vom vielen Schwingen des Bügeleisens kämen. Der Schneider schwang das schwere Ding gewandt, mit den Armen abwechselnd, im Kreise herum, dass mir fast bange wurde. Nachdem die Glut angefacht war, stellte er das Eisen auf das Gestell, um es heiss werden zu lassen. Dann hüpfte er flink auf die Brücke hinauf. Und während er sich hinsetzte, beobachtete ich die Tätigkeit des Schneidermuskels. Das ist der längste Muskel am Oberschenkel, der das Schienbein so nach innen dreht, dass sich beide Beine übereinander-

schlagen. David sass nun in der urtümlichen, allen Schneidern eigenen Stellung da. Er hielt die Nadel vor sich hin und zuckte blitzschnell den Zwirn durchs Öhr. Mir kamen die biblischen Worte vom Kamel und dem Nadelöhr in den Sinn. Und ich versuchte, mit dem Schneider in ein Gespräch zu kommen: Wie das gemeint sei mit dem Nadelöhr? In der Bibel ist nichts gemeint, erwiderte er barsch, es ist

alles so, wie es steht. Ich versuchte ihn zu belehren: Nadelöhr bedeute eine kleine Pforte neben dem Haupttor der Stadtmauer, durch welche nur einzelne Fussgänger hindurch könnten. Die Kamele müssten durch das grosse Tor. Das sei eine Lästerung, begehrte er auf, nicht nur auf die Bibel, sondern auch auf sein Handwerk. Und er rutschte auf der Brücke hin und her. Mit Verachtung schaute er auf mich herab, da er mich nicht für bibelfest hielt. Seine schwärmerischen Augen schienen mich durchbohren zu wollen.

So gerne ich es getan hätte, von den Himmelssteinen fing ich schon gar nicht an. Ich verabschiedete mich, nachdem ich ihn noch einmal aufgefordert hatte, bald nach den Herzmitteln für seine Mutter zu schicken.

Als der Mond sich zu füllen begann, fielen wieder Steine herab. Vom Himmelreich sah ich die frisch eingesetzten Ziegel in den Dächern.

Der kleine Schneider sass wie gewöhnlich auf der Brücke und rutschte bei meinem Eintreten unruhig hin und her. Ich machte ihm Vorwürfe, weil er die Mittel nicht geholt hatte: Diese würden seiner Mutter bestimmt helfen und ihr das Atmen erleichtern. Wenn er meine Vorschriften nicht erfülle, so werde er die Folgen schon sehen; und er sei dann für diese verantwortlich.

Ich sagte ihm, Gott habe nicht nur die Schneider für die Anzüge, sondern auch die Ärzte für die Krankheiten geschaffen. Nach dem ersten Feigenblatt seien auch schon die ersten Krankheiten gekommen. Zwingen konnte ich ihn nicht, die Mittel zu holen, und wenn ich diese selbst mitgebracht hätte, so würde er die Flaschen doch nur ausgeleert haben, wie ich dies schon in andern Fällen erfahren musste. Zu einem weitern Gespräch kam es nicht mehr. Es war mir klar, dass ich es mit einem Besessenen zu tun hatte.

Auf dem Heimweg sann ich über das Erlebte nach und stellte fest, dass auch der Glaube ein böses Wesen in sich haben kann. Der Zustand der Kranken verschlimmerte sich. An einem hellen Frühlingsmorgen folgte ich einem dringenden Ruf nach dem Himmelreich. Die Mutter lag sterbend auf der Brücke. Ich setzte das Hörrohr an ihre Brust und vernahm die letzten Schläge ihres brechenden Herzens. David stürzte schluchzend zur Hütte hinaus. Ich sah ihn unter dem Apfelbäumchen die Hände zum Himmel erheben. Er kam mir vor wie jener Prophet, der auch unter einem Bäumchen stand und lieber sterben als noch weiterleben wollte.

Ich legte das Haupt der Toten auf das Bügelkissen. Dabei entfiel mir das Hörrohr. Ich bückte mich darnach. Es war unter die Brücke gerollt. Und ich schob das Brett, welches diese vorn abschloss, beiseite. — Da sah ich einen flachen Korb, gefüllt mit weissen, runden Kieselsteinen und darauf eine Schleuder liegen. — Ich erschrak.

Die Schleuder bestand aus einem Stück Leder, an welchem Stricke befestigt waren. Jener biblische Hirtenknabe musste eine ähnlich hergestellte Waffe verwendet haben. Ich nahm die Schleuder in die Hand und ging hinaus. In den Knospen des Apfelbäumchens schimmerten schon die rosigen Blütenblätter. David hatte mir den Rücken zugewandt.

Als er meine Tritte hörte, drehte er sich um. Ich hielt ihm die Schleuder entgegen. Er stand wie versteinert. Die Füsse konnte er nicht mehr bewegen. Der Unterkiefer hing ihm herab.

Er tat mir leid. David, mahnte ich mit sanfter Stimme, versuche Gott nicht mehr. Er fiel auf die Knie und klammerte sich an den Stamm des Bäumchens. Dann fing er an, bitterlich zu weinen.

Nach einer Weile ergriff ich ihn bei der Hand und führte ihn zu seiner toten Mutter. — Die Schleuder legte ich auf die Gluten des Eisenofens. Das Brett schob ich wieder vor die Brücke.

Beim Weggehen blieb ich beim Apfelbäumchen stehen und schaute zurück. David hatte sich über die Tote hingeworfen. Ich hörte seine Klagerufe.

Langsam stieg ich den Pfad vom Himmelreich hinab.

Seitdem fielen keine Steine mehr vom Himmel.

Nächst dem Pfarrer und dem Arzt war der Landjäger ein wichtiger Mann. Im handgreiflich Bösen lag sein Amtsgebiet. Er hatte einen dicken Bauch, an dem ein krummer Säbel hing. Zu seinem mächtigen Oberkörper waren die Beine verhältnismässig kurz; doch die schweren Stiefel liessen sie länger erscheinen, Auf dem Kopf, der auf einem wulstigen Nacken sass, trug er den Tschako meist schräg. Aus seinem breiten Gesicht ragte eine dicke, bläuliche Nase, unter der ein wilder Schnauzbart über die Mundwinkel herabfiel.

Wenn sich etwas Böses ereignete, fing der Landjäger an zu schnauben und die Augen zu rollen. Hauptsächlich die Zigeuner waren seine Kunden. Wurde auf dem Felde gestohlen, wurden Bäume geleert, verschwanden Hühner oder Gänse, so musste der Landjäger her. Pflichtgemäss rückte er an. Selbsthilfe war ja verboten – und beileibe nicht Gewaltanwendung!

Er musste vom Weinglas weg, wurde aus dem Schlafe gerissen, in die Winternacht hinausgejagt, und auch am Sonntag war er seiner Ruhe nicht sicher. Hier glich sein Beruf demjenigen des Arztes. Er pustete erbärmlich über den Protokollen und war oft froh, wenn ich ihm half. Das Schreiben lag ihm nicht. In seinen klobigen Händen brach mancher Stift entzwei.

Eines Nachts wurde des Landjägers Kaninchenstall hinter seinem Hause geplündert. Potz Donnerwetter! Auch der dreifarben-scheckige, preisgekrönte Rammler war weg! Die verdammten Zigeuner! tobte er und rannte in den Wald hinaus. Diese elenden Strolche! Alles leugneten sie ab! Mit Haut und Haaren hätten sie seine Hasen aufgefressen! Am liebsten hätte er dem Pack die Bäuche aufgeschlitzt. Er werde sie schon noch auf frischer Tat ertappen! Dann sollen sie ihn kennen lernen! So fluchte er drauflos.

Und wenn er einen Zigeuner ums Dorf herumstreichen sah, stieg ihm die Galle; er krempelte an seinem grünen Rock die Ärmel hoch und drückte den Tschako fester. Die Leute nannten ihn Zigeunerschreck.

Anfangs ritt der Landjäger auf einem alten Klepper die vorgeschriebene Runde ab, doch als er einmal samt Gaul in eine Grube fiel und von den Bauern herausgeholt werden musste – und das an einem Sonntagnachmittag, als alle Leute herumstanden und sich die Bäuche rund lachten! – ging er zu Fuss. Die Zigeuner hätten ihm diese Falle gestellt, behauptete er. Die Grube sei mit Schilfrohr überdeckt gewesen, und da wäre selbst der Teufel nicht drumherum gekommen.

Zu Fuss ging es jedenfalls besser! Es machte dem Landjäger auch Mühe, sich mit seinem dicken Bauch auf das Ross zu schwingen, und beim Reiten kam dieser auch nie in die richtige Lage. Hatte er sich auf der einen Seite hinaufgeschoben, so kam es vor, besonders, wenn er ein Gläschen zuviel ge-

trunken, dass er auf der andern herunter-
fiel. Auch waren die Beine zu kurz und die
Stiefel zu schwer.
Ich musste berufshalber öfters mit dem
Landjäger zusammenarbeiten. Bald handelte
es sich um einen Marksteinfrevel, bei dem
sich die Bauern die Köpfe blutig geschlagen,
bald um eine Messerstecherei oder sonstige
Scherereien. Wehe, wenn er dabei eines Zi-
geuners habhaft werden konnte! Unbarm-
herzig legte er ihm Handschellen an und
schleppte ihn ins Spritzenhaus.

Ich sagte ihm, dass die Zigeuner doch auch
vom lieben Gott geschaffen seien, und sie
müssten sich nähren wie die Vögel auf dem
Felde und die Rehe im Wald. Sie flöchten
so schöne Körbe, spielten die Geige so
weich und verstünden allerlei Künste. Das
sei dummes Zeug! brüllte er. Vom Teufel
stammen sie! Ausgerottet sollten sie werden! Hier gelte nur der alte Spruch: Aug
um Aug, Zahn um Zahn! Christen seien sie
keine! Jeder könne diese Ketzer totschla-
gen. Sie seien vogelfrei.
Ich erinnere mich noch einiger Fälle, in denen sich der Landjäger hervortat. Einst
hatte sich ein Unbekannter im Walde aufgehängt. Wir beide holten ihn. Der Landjäger
schimpfte, weil der Ast so hoch war. Kur-
zerhand zog er den Säbel und hieb den
Strick durch.
Dann war ein alter Pferdehändler, der eine
dicke Börse auf sich trug, im Walde ver-

schwunden. Wochenlang blieben die Nachforschungen ergebnislos. Da beobachtete der Landjäger unruhige Rabenschwärme über dem Forst und fand die Leiche im Gestrüpp. Das war sein Glanzstück, dessen er sich hinter dem Weinglas rühmte. Vom Pferdehändler liessen Raben und Füchse nicht mehr viel übrig.

Eine dahergelaufene Dienstmagd hatte aus Angst und Verzweiflung ihr Neugeborenes in die Jauchegrube geworfen. Als der Fall ruchbar wurde, hielt sie sich versteckt. Der Landjäger erspähte sie hoch im Gebälk einer Scheune. Er kletterte hinauf. Wie ein Habicht versuchte er, auf die Kindsmörderin zu stossen. Diese aber fauchte gleich einer Wildkatze und wies ihm Zähne und Krallen: Sie werde sich an ihn klammern und ihn mitreissen!

Rittlings sass der Landjäger auf dem hohen Balken. Unten war kein Heu mehr, nur blosser Steinboden. Dem Landjäger begann zu schwindeln, und der Schweiss rann ihm von der Stirne, als er in die Tiefe blickte. Der Tschako fiel ihm ab. Ohne ihn war er nur ein halber Mann. Er versuchte, die Beine unter dem Balken ineinanderzuhaken. Aber sie waren zu kurz und die Stiefel zu schwer.

Er rutschte rückwärts, und erst als er einen Balken im Rücken hatte und sich an ihm festhalten konnte, fing seine Stimme wieder an zu donnern: Die verdammte Hexe! Das Lumpenmensch! Der wolle er schon noch Raison beibringen!

Unten schauten die Leute zu und hatten trotz des bitteren Ernstes ihren Spass dabei. Doch der Landjäger konnte nichts ausrichten. Die Magd kauerte ins Gebälk. Der Pfarrer wurde geholt. Und erst auf sein sanftes Zureden hin stieg die arme Sünderin herab.

Dem Krämer passierte ein besonderes Malheur. Der Krämer war ein Busenfreund des Landjägers. Sie tranken manches Gläschen zusammen – sogar über die Polizeistunde hinaus. Als sich der Krämer wieder einmal in der Morgenfrühe heimschlich, erwartete ihn seine Alte. Es gab Lärm in der Küche. Tassen und Teller flogen klirrend durch das Fenster auf die Gasse hinaus. Die Nachbarschaft lief zusammen. Man hörte Flüche und Schläge. Es wurde nach dem Landjäger geschickt. In der Hitze des Gefechtes griff die Alte zu einem scharfkantigen Pfannendeckel und schlug der andern Ehehälfte die Nase ab.

Heulend kam der Krämer zu mir gerannt, beide Hände vor dem blutigen Gesicht. Etwas später trabte der Landjäger hintendrein – mit der Nase im Schnupftuch. Ich nähte sie wieder an. Sie blieb ein wenig nach oben verschoben. Die Alte aber fand wieder neues Gefallen an ihrem Mann. Und der Krämer trank nicht mehr.

Die Feuermargret

Einen gefährlichen Handel hatten wir mit der Feuermargret. Warum sie so hiess, ergibt sich am Schluss. Die Margret war von hünenhaftem Wuchs, breitschultrig und hatte lange, kräftige Arme. Links ein Triefauge, rot wie Mohn. Aus dem Munde stiessen die zwei obern Eckzähne. Die Nase spitz. Auf dem rechten Fuss hinkte sie. Die roten Haare waren zu einem Hunnenknoten aufgesteckt, wie die Hauswurz auf dem Dach. Wenn die Margret in Wut geriet, wackelte dieser Knoten grimmig hin und her. Den Kindern kam sie wie eine Riesin der Vorwelt, eine Gestalt aus dem Märchen vor. Sie ragte aus ihren Träumen.

Die Margret passte nicht mehr in unsere Zeit. Woher sie kam, wusste niemand. Es wurde erzählt, eine Zigeunerin sei mit ihr in einem Roßstall niedergekommen und habe sie dort zurückgelassen. Die Zigeunerin hätte ihren Grund gehabt! Denn es stellte sich heraus, dass das Kind für ihre Sippe zu hoch gewachsen wäre, und gekauft hätte es niemand. Sicher ist, dass die Margret im Schlösschen lange Jahre als Rossmagd diente. Als der Herr alt geworden war und die Pferde abschaffte, soll es mit der Margret nicht mehr gegangen sein. Der Herr schenkte ihr einen Acker und sagte: Margret, pflanz dir deine Kartoffeln und Rüben, das Salz bekommst du billig.

Sie hauste in einer alten Hütte neben ihrem Acker, in der Nähe des Waldes. Sie verheiratete sich sogar, doch bald nach der Hochzeit soll sie das knifflige Männlein aus dem Fenster geworfen haben.

Die Margret trieb allerlei zu ihrem Lebensunterhalt. Sie bebaute ihren Acker und sammelte Heilkräuter, die sie in die ferne Stadt trug. Im Winter hackte sie Holz, band Reisbesen und hielt sie in den Dörfern feil. Nebenbei legte sie den Hasen Schlingen. Manches Langohr trug sie nach Hause, zwischen den Reisigbündeln versteckt, die auf ihrem Kopfe schwankten. Sie müsse ja auch leben, hiess es im Dorf, das Wild gehöre nicht nur den Herren.

Anfangs nannte man sie die Teufelsmargret. Und zwar nicht, weil sie mit den Zigeunern im Bunde stand und wie diese aus der Urwelt kam, sondern: Der Böse sei ihr einmal im tiefen Wald in Gestalt einer Wildsau begegnet. Sie hatte die Hauer schon an einem Eichstrunk gewetzt, da sei aber die Margret mit der schweren Waldaxt und einem fürchterlichen Geschrei auf sie losgestürzt. Und der Eber stob mit kläglichem Gegrunz ins Dickicht davon. Da hätte er dabei sein mögen, sagte der Landjäger, einen solchen Bären lasse er sich nicht aufbinden!

Je älter die Margret wurde, desto mehr nahm sie zu an Bösartigkeit. Sie fühlte sich von allen Menschen verfolgt und verspottet. Kurz gesagt, sie verwilderte. Bekam sie einen schiefen Blick, so fuhr sie los. Den Gemeindeschreiber, der ihr verschiedene Mahnbriefe zustellen musste, erwischte sie auf dem Felde am Kragen, schleppte ihn ein Stück Wegs mit und warf ihn in den Bach. Da, lies mir dein Geschreibsel vor! rief sie. Die Margret konnte nämlich weder lesen noch schreiben und wusste mit Briefen

42 nichts anzufangen. Dem Wirt, der zugleich Gemeindepräsident war, drohte sie, das Haus anzuzünden. Jetzt war genug Heu unten! Die Margret müsse versorgt werden, beschloss der Gemeinderat.

Der Pfarrer ging zu ihr hinaus. Er kam unverrichteter Dinge zurück. Man solle schonend vorgehen, mahnte er. Die Reihe kam nun an mich, der ich eben frisch in die Praxis getreten. In einiger Entfernung von ihrer Hütte blieb ich stehen und rief: Margret! Dreimal rief ich. Beim dritten Mal ging die Tür auf, und die Margret erschien mit verschränkten Armen: Was willst du? Ich antwortete: Margret, wir wollen miteinander ein vernünftiges Wort reden! Was! schrie sie. Scher dich fort, du Grünschnabel! Du hast gerade noch gefehlt! Und sie hielt mir allerlei Streiche vor, die ich in der Jugend verübt hatte. Darauf schlug sie die Türe zu. Ich zog ab.

Jetzt kam der Landjäger dran. Aus der Ferne schaute ich verstohlen zu. Der Diener des Gesetzes bezog Stellung vor der Tür. Ich hörte seine Stimme schmettern. Es zeigte sich nichts. Der Landjäger schmetterte weiter und schlug mit der Faust an die Türe. Plötzlich öffnete sich diese, und die riesige Margret stürzte heraus, die

44

lange Waldaxt schwingend. Den Landjäger sah ich in einer Ackerfurche dahinsausen und die Margret hinter ihm drein. Der Landjäger schlug, trotz seiner kurzen Beine und schweren Stiefel, so schnell den Rückzug an, dass er noch mit knapper Not entkam.

Das sei ein Teufelsweib, rapportierte er. Er hätte es schon mitbringen können, aber er habe keine Lust gehabt, sich mit diesem Bohnenross herumzuschlagen. Und jetzt hätte es sich in der Hütte verschanzt. Verstärkung müsse heran! Die Gemeinderäte lachten, dass ihnen die Kinnladen weh taten.

Am Abend war im Wirtshaus eine dringliche Sitzung des Gemeinderats. Der Landjä-

ger und ich nahmen auch teil. Es wurde beschlossen, dass die Margret – Feurio, feurio! tönte es auf der Gasse. Wir stürzten hinaus. Im Wirtsstall schlugen die Flammen hoch. Zum guten Glück waren wir alle als Löschmannschaft geübt und der Teich und die Spritzen in der Nähe. Bald wurden wir Herr des Brandes und schnauften auf. Da haben wir die Bescherung, sagte der Gemeindepräsident, die zündet uns noch das ganze Dorf an, und zum Landjäger gewandt: Es wäre doch besser gewesen, wenn er die Margret gleich mitgebracht hätte! Dieser bekam einen roten Kopf. Ich verriet ihn nicht.

Kaum hatten wir uns vom ersten Schrecken erholt, blies wiederum das Feuerhorn. Wir streckten die Köpfe hinaus: Wo, wo? – Bei der Margret!

Ein gespenstischer Schein fuhr über den Wald dahin. Die Flammen züngelten am Nachthimmel empor. Die Hütte brannte lichterloh. In der roten Glut sahen wir die schwarze Riesengestalt der Margret mit der langen Axt wild um sich schlagen.

Am Morgen war von der Hütte nichts mehr zu sehen als ein rauchender Haufen von Schutt und Asche. Der Landjäger erspähte zuerst das Eisen der Axt und nicht weit davon die halbverkohlte Leiche. Die liess sich nicht fangen! rief er. Der Totengräber, der auch zugegen war, sagte, dass er am Rest immer noch genug habe.

Der Pfarrer schloss die Hände zu einem stummen Gebet.

Das dunkle Verhängnis zog sich auch über dem Landjäger zusammen.

Es war an einem Sonntagmorgen, im Hochsommer. In der Kirche predigte der Pfarrer. Der Landjäger stand hinten bei der Tür, als müsste er sie hüten. Seine goldenen Knöpfe leuchteten im Dunkel. Er wartete, bis aller Augen auf den Pfarrer gerichtet waren, um sich dann leise hinauszuschieben.

Die Sonne prasselte auf die Pflastersteine. Der Landjäger legte die Hände auf den Rücken und hielt Umschau. Der Platz war leer. Nur der Brunnen plätscherte in der Schwüle. Der Landjäger schritt langsam dem Wirtshaus zu, die Hände noch immer auf dem Rücken, und stieg gemächlich die Treppe hinan.

In der Wirtsstube nahm er seinen gewohnten Sitz am Fenster ein, von wo er alles überblicken konnte. Ja, sagte der Wirt, es sei ein heisser Tag! Der Wirt, der auch nicht zu den Frömmsten gehörte und am Sonntagmorgen besonders gern das Haus hütete, schenkte ihm fleissig ein: Die Zigeuner seien wieder in den Wäldern aufgetaucht! Ein wachsames Auge wie das unseres Landjägers bürge aber für Sicherheit! Der Landjäger schlürfte schmunzelnd sein Gläschen und spähte hinaus.

Und der Wirt begann zu erzählen: Er erinnere sich eines Sommers, ein Kind sei er noch gewesen. Die Felder waren ausgedorrt und die Wiesen versengt. In den Wäldern wimmelte es von Zigeunern. Da brach in den Dörfern eine schreckliche Seuche aus. Der Doktor kam vor lauter Herumfahren nicht ins Bett. Die Menschen starben wie die Fliegen. Da sah man's, wenn es drauf und dran kommt, können die Ärzte doch nichts! Die Totenglocke läutete Tag für Tag. Der Pfarrer ist über Nacht grau geworden. In jedem Hause lag ein Toter. Der Schreiner brauchte alle seine gelagerten Bretter für Totenbäume auf. Es sei ein Wunder, dass er, der Wirt, davongekommen. Aber seine Grossmutter, die sich auf böse Geister verstand, hätte ihn fortwährend mit Weihwasser besprengt. Der Totengräber war ein abgefeimter Spottvogel! Hier, am Wirtstisch, habe dieser etwas gesagt, was er nicht zu wiederholen wage. Und dabei hatte er mit dem Geld in der Tasche geklimpert, der alte Maulwurf! – Was er gesagt hat? Die Seuche sei eine nützliche Einrichtung. Der liebe Gott lasse sie von Zeit zu Zeit zu, damit sich die Menschen nicht zu sehr vermehrten, ansonst sie sich noch gegenseitig auffrässen. Meine Mutter bekreuzigte sich, als sie dies hörte. Das war ein böser Sommer! Gott bewahre, so schwere Heimsuchungen können sich auch heutzutage wieder ereignen. Man weiss ja nie!

Gläschen um Gläschen goss der Landjäger während dieser Erzählung durch die trockene Kehle. Die Hundstage machten einen heissen Durst. Und der Wirt wollte fortfahren. – Der Landjäger sah plötzlich starr zum Fenster hinaus. Potz Teufel, was musste er sehen! Ein Zigeuner stand am Brunnen! Der Landjäger stolperte hinaus, mit der Linken den Säbel an der Spitze hochnehmend. Fast hätte er den Tschako vergessen.

Tatsächlich, am Dorfbrunnen stand ein alter Zigeuner! Er war von schlanker Gestalt, mit Hemd und Hose bekleidet. Aus seinem schmalen, gelbbraunen Gesicht stach eine Habichtsnase hervor. Kühn blitzten seine dunklen Augen. Silbersträhnen durchzogen sein langes, wirres Haar: Ein Geselle von Regen und Wind, Eiche und Sonne, von Licht und Finsternis.

Was er hier zu schaffen habe! fuhr der Landjäger den Fremdling an.

Der Alte, ein Patriarch seines Stammes, war nicht verlegen: Das Wasser lasse Gott für alle Menschen fliessen! Nach diesen Worten spuckte er aus und legte die Hand an die Brunnenröhre.

Das war zuviel! Mit seiner Riesentatze packte der Landjäger den Zigeuner am Genick und drückte ihm den Kopf unter das Wasser: Da sauf, Brunnenvergifter! Und er drückte den Kopf immer tiefer, als ob er den Zigeuner ertränken wollte.

Der Alte machte verzweifelte Anstrengungen, sich zu befreien, stemmte beide Arme in den Brunnentrog und schlug mit den Füssen aus. Endlich vermochte er sich loszureissen. Der unfreiwillige Trunk troff ihm aus Mund und Nase. Als der Zigeuner wieder zu Atem gekommen, stellte er sich aufrecht und voll stolzer Verachtung vor den Landjäger hin. Er sprach kein Wort.

Dies nahm der Landjäger als Herausforderung, packte noch einmal zu, drehte den Zigeuner um und versetzte ihm mit dem Stiefel eins hintendrauf.

Der Alte flog auf die Steine hinaus. Nachdem er sich mühsam aufgerichtet hatte, hob er blitzenden Auges die geballte Faust gegen den Landjäger. Diesem schwollen die roten Wülste seines Stierennackens an, und er wollte wieder ansetzen. – Aber da ertönten die Glocken, und das Volk strömte aus der Kirche. Der Zigeuner machte sich aus dem Staube. Und der Hüter des Gesetzes strich hastig die Uniform zurecht.

Ein paar Wochen vergingen. In einer Nacht polterte es an meine Haustür, und eine dröhnende Stimme rief nach mir. Es war der Landjäger. Mit schmerzverzerrtem Gesicht wankte er auf mich zu: Er habe die Runde gemacht, und da sei, verdammt noch mal, etwas in seinen Rücken gefahren!

Ich untersuchte ihn. Ein langes, dünnes Schilfrohr stak zwischen seinen Schultern. Als ich daran zog, knirschte er mit den Zähnen. Es war nicht herauszubringen. Ich brach den Schaft ab und zog dem Landjäger Rock und Hemd aus. Da sah ich, dass es eine Pfeilspitze war, die tief im Fleisch sass. Mit dem Messer musste ich die Widerhaken herausschneiden.

Der Verwundete fluchte und stampfte: Das war der Zigeuner! Die Giftschlange! Mit dem Stiefel werde er sie zertreten! Ich legte ein Pflaster auf und versuchte ihn zu beruhigen. Er sei keine Memme, tobte er. Den Schädel werde er dem alten Halunken spalten! Und er zog den Säbel und wollte in die Nacht hinaus.

Ich hielt ihn zurück. Und mit vieler Mühe gelang es mir, ihn nach Hause zu bringen. Als seine Frau ihn sah, begann sie zu jammern: Mein Gott! Der Gute!

Ich legte ihn aufs Bett und wollte ihm die Stiefel ausziehn. Die Beine waren angeschwollen. Er setzte sich zur Wehr und gab dem Stiefelknecht einen Tritt: Er wolle nicht aus den Stiefeln! Mit einer Schere schnitt ich die Schäfte auf.

Am andern Tag war im Dorf eine grosse Aufregung: Der Landjäger sei hinterrücks durch einen Pfeilschuss vergiftet worden. Ein Aufgebot von Bauernburschen, mit

Heugabeln und Dreschflegeln bewaffnet,
rückte aus. Sie fanden im Walde nur eine
verkohlte Feuerstelle. Die Zigeuner waren
spurlos in die weiten, wilden Wälder entwi-
chen.
Der Landjäger lag in hohem Fieber. Er
schlotterte an allen Gliedern und wälzte
sich im Bett herum. Seine Frau brachte ihm
Kamillentee. Er stiess sie weg: Wein wolle
er! Eine scheussliche Hitze sei in ihm! Man
solle ihn in den Brunnentrog legen. Er re-
dete irre, richtete sich auf und tastete an
der linken Seite nach dem Säbel. Über die
Bettdecke sah er Mäuse springen und Rat-
ten und dazwischen das schwarze Gesindel.
Mit geballten Fäusten schlug er nach ihnen,
sprang aus dem Bett und fuchtelte mit den
Armen herum.
Die Stiefel her! befahl er seiner Frau. Dann
fing er an zu kommandieren: Vorwärts! Auf
den Bäumen sind die schwarzen Teufel!
Knallt sie herunter! In die Höhlen haben sie
sich verkrochen! Werft brennenden Schwe-
fel hinein! Dazwischen schrie er nach Wein,
Säbel und Tschako. Hängt die Gefangenen
auf! Nein, bringt sie her! Schlagt der Teu-
felsbrut die Köpfe ab! Und er holte mit der
Rechten aus. Seine Zähne knatterten wie
eine Mitrailleuse. Die Zuckungen warfen
seinen Körper in die Höhe. Vier Männer
mussten ihn die ganze Nacht festhalten. Am
Morgen kam die Starre über ihn.
So endete des Landjägers Zigeunerschlacht.
Als der Pfarrer nach der Frühmette her-
beieilte, war er schon kalt.
Säbel und Tschako wurden ihm ins Grab
mitgegeben.

Das Barbierbecken

Strobel hiess er, der Dorfbarbier. Auf dem grossen, ovalen Messingschild – ein Barbierbecken mit zwei Haarschwänzen – welches weit in die Gasse hinausshing, stand: Frisör Strobel. Wenn ich die Rosengasse hinauf- oder hinunterging, musste ich es immer sehen. Es glänzte beidseitig. Lief ich unten über den Dorfplatz und schaute zufällig in die Gasse, so sah ich es glänzen. Es glänzte immer. Der geringste Luftzug brachte es in Bewegung. Bei Sturm schlug es im Kreis herum und schmetterte gegen die Eisenstange hinauf.

Die Rosengasse führte westwärts auf den Rosenberg. Dort stand eine schöne Linde. Der Hügel war mit Gras bewachsen. Zwischen den vielen Holunderbüschen weideten die Schafe. Vom Rosenberg aus ging der Blick über die fernen, gestuften Wälder. Rosen gab es dort keine. Die Sonnenauf- und -untergänge gossen ihre Fluten über die Anhöhe. Als Knabe hatte ich oft träumend und lesend unter der Linde gelegen. Dann blieb mir der Rosenberg durch dieses verfluchte Barbierbecken verhängt. Erst jetzt, nach vielen Jahren, ist mir der Blick wieder frei und rein geworden.

Der Strobel kam als Wandergeselle über den grossen Strom. Er trieb sich lange in der Gegend herum und machte sich schliesslich im Dorfe sesshaft. Damals wurden über ihn allerlei Affärchen, heitere und düstere, in Umlauf gebracht. Er heiratete die viele Jahre ältere und um zwei Kopf grössere Witwe des Baders, bei dem er als Geselle gedient hatte, und übernahm das Geschäft.

Strobel war klein und rundlich, doch flink und wendig wie ein Wiesel. Im Alter, als es über die Fünfzig ging, wurde er rund und feist und Händchen hatte er, fein und weich wie eine Puppe. Auf den Füssen, die auch klein waren, stand er unsicher. Musste er gehen, so trippelte er und wiegte sich in den Hüften. Ich sah ihn nie anderswo als in seiner Barbierstube oder selten einmal auf der Gasse. Auch mit der Frau ging er nie mehr aus. Diese blieb im oberen Stock, da sie bald nach der Heirat gichtbrüchig wurde.

Strobel hatte dichtes Haar, eine Bürste. Vielleicht hiess er früher einmal Strubel. Er duftete immer nach süssem Parfüm. Der frühere Bader, sagten die Leute, habe nie so gerochen. Je älter Strobel wurde, desto süsser duftete er. Doch seine Bürste wurde immer grauer, trotzdem er sie färbte. Alle Anstrengungen, den Prozess des Alterns mit Duft und Farbe aufzuhalten, nützten nichts. Sein Duft wurde in der Rasierstube von dem des Kuhmists überboten, wenn

diese an Samstagen von Bauern und Knechten gestopft voll war.

Strobel war tüchtig in seinem Fach. Selbst die Alten fühlten sich nach seiner Kur wie verjüngt und stiessen den Brustkasten heraus. Er sei in Paris gewesen, blagierte der Frisör. Dort habe er als Lehrling, mit beiden Händen zugleich, in wenigen Minuten, ein Dutzend Kunden eingeseift und als Geselle, mit der Linken und mit der Rechten je ein Messer führend, gleichzeitig zwei Bärte geschabt. Der Strobel hatte auch ein feines Fingerspitzengefühl. Er schnappte nicht nach der Nase wie ein Hund nach der Wurst, sondern er pickte mit seinen zwei Fingerchen zärtlich nach ihr wie ein schnäbelndes Täubchen und spreizte geziert die Finger auseinander, besonders den kleinen mit dem schweren Siegelring. An beiden Händen glitzerten Ringe; aber er schabte so flink, dass man sie nicht zählen konnte.

Jahrelang besuchte ich seine kranke Frau, und so liess ich mich auch von ihm bedienen. Strobel seifte wundervoll ein, mich vielleicht besonders, weil er immer wieder aus mir herausholen wollte, wie lange seine kranke Frau, Mutterchen nannte er sie, noch leiden müsse. Ganze Hügel voll weissen Schaums schlug er auf meinem Gesicht und blies den Gischt wieder weg.

Er tue ja für sein Mutterchen, was einem Menschen nur möglich sei. Niemand solle von ihm einmal sagen können, er hätte nicht alles für sie aufgeopfert. Dann zog er das breite Messer am Lederriemen ab und fuhr damit im hohlen Händchen herum. Es wurde mir oft unheimlich zu Mute, wenn ich die dünne Klinge auf dem Daumenballen klatschen hörte. Und dabei schwadronierte er ununterbrochen.

Das langwierige Leiden seiner Frau liess ihn nicht zur Ruhe kommen: Er sei jetzt auch schon in einem Alter, wo er an sich denken müsse, wenn er noch etwas vom Leben haben wolle. Zwar fühle er sich noch ganz jung, nur schade, dass das gute Mutterchen so viel älter sei und noch krank dazu.

In diesem Augenblick klopfte es droben auf den Boden. Rasch legte er das Messer hin: Mutterchen ruft! und er eilte hinauf.

Seine Frau klopfte ihm immer, wenn er zu lange unten war, und sie in der Bude nicht die gewohnten Stimmen und Geräusche des Geschäftsbetriebes vernahm. Ein dicker Stock stand neben ihrem Bett, mit welchem sie den Strobel heraufklopfte, um auf dem laufenden zu sein, was drunten los sei. Trotz ihrer Krankheit fühlte sie sich noch als Herrin des Hauses und ihres Sparguthabens.

Strobel kam bald wieder herunter: Ach, die Arme! Es schnüre ihm das Herz zusammen, wenn er sie so leiden sehen müsse. Er habe ihr genau nach Vorschrift das Pülverchen gegeben. Und er schabte weiter.

Beim Einseifen legte er den Kopf zurück und liess die Augendeckel fallen. Sein Profil spitzte sich zu wie das einer Schlange. Vom Haaransatz an war seine Stirne kaum zwei Finger breit. Die Nase lag platt auf. Die Augen stachen aus einem schmalen Spalt. Er schien Weitsichtigkeit vorzutäuschen. Bald züngelte er aus dem einen, bald aus dem andern Mundwinkel und quietschte wie ein Schweinchen. Kam er mit dem Messer, so warf er mir den Kopf blitzschnell zu, und ich befürchtete einen Zusammenprall. Sein Gesicht ging wieder auseinander und wurde breit und rund wie die unheimliche Vorderansicht einer glotzenden Sumpfkröte. Die wulstigen Lippen schürzten sich, bis das lungenfarbige Fleisch zum Vorschein kam. Die Zähne waren nicht sichtbar, eine quallige Zunge verdeckte sie.

Strobel war ein Verwandlungskünstler. Er hatte zwei Gesichter. Rasierte er von vorn, so wurden seine Augen gross und die Pupillen weit aufgerissen. Aus einem bläulichen Hintergrunde zuckte ein rötlicher Funke auf, als käme er aus des Teufels Esse. Ein dräuendes Gefühl überkam mich jedesmal, wenn Strobel mit dem Messer an meiner Kehle herumkratzte. Aber ich durfte ja nicht mucksen und war froh, wenn das Geschäft abgetan war.

Der frühere Frisör war noch ein rechter Bader gewesen, der dem Arzt ins Handwerk pfuschte. Es hatte bei ihm ein Auge zugedrückt werden müssen, denn er war noch im guten alten Recht, und das Volk

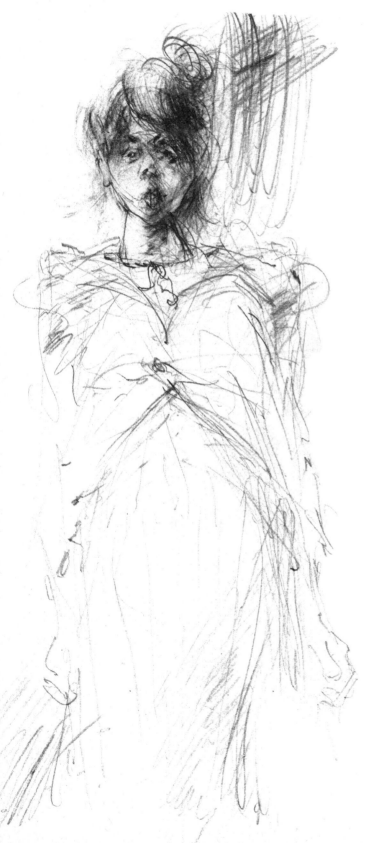

hielt zu ihm. Er quacksalberte mit Pillen und Salben, setzte Schropfköpfe und Pflaster auf, hob mit dem Geissfuss die Zähne heraus und schlitzte mit dem spitzigen Messerchen die Ader, dass der dunkelrote Bogen heraussprang. Die Warzen kratzte er mit dem scharfen Löffel ab, wenn das Besprechen keinen Erfolg gezeitigt hatte.

Auf die Fusspflege verstand er sich ausgezeichnet. Den Frauen schnitt er die Hühneraugen, klemmte die langen Fussnägel ab, unter denen dicke Nester von Pilzen und Unrat sassen, so dass die Füsse wieder Platz in den Schuhen bekamen. Er liess erstere mit Öl und Schnaps einreiben und leistete so das Seinige zur Volksgesundheit. Manche Flasche Kirsch, von dem es im Dorf die Fülle gab, trug er nach Hause. Er brauchte sie nicht nur für die Füsse. Er soff sich zu Tode. Und die Witwe war froh, dass sie einen tüchtigen Nachfolger hatte.

Strobel betrieb nichts dergleichen. Seine Frau besass ja genug Geld. Wenn er in der Bude keine Arbeit hatte, stand er unter der Haustüre, wippte in den Stoffstiefelchen und knüpfte Gespräche an. Und kam eine Dorfschöne, so tänzelte er auf der Türschwelle und versuchte mit ihr anzubändeln. Meistens fing er von der Krankheit seiner Frau an und klagte sein Leid. Bald tippte er nach ihren Haaren und trug ihr an, Löckchen zu brennen. Die Klugen und Braven machten sich lachend davon: Der alte Strobel sei ein Schlaumeier!

Nur das Lisabethli blieb hängen. An einem heissen Tage spazierte es im engen, kurzen Röckchen vorbei.

Das Schild über Strobel bewegte sich hin und her.

Lisabethli war ein hübsches Mädchen mit blondem, wildem Haar. Es hatte grosse blaue Augen mit langen Wimpern darüber und einen süssen Mund. Seine Beine waren wohlgeformt, die Knie rund und weich und etwas eingebogen, was ihnen einen besondern Reiz verlieh, die Hüften schlank und der Busen voll. Dem Strobel siedete das Blut bei diesem Anblick. Er schenkte ihm Tüten voller Süssigkeiten mit einem Ringlein obenauf, striegelte ihm das Haar und

kräuselte es an den Schläfen und im Nak-
ken, strich zärtlich über seine Pfirsichwan-
gen und die weichen Brüstchen. – Und dies
alles geschah trotz dem Klopfen im obern
Stockwerk. Es ging nicht lange, so trug Lisabethli ein goldenes Kettlein am Hals und
hatte schöne Kleider.

An einem Sonntagnachmittag traf ich den
Frisör strahlend vor der Kirche. Er stand
unten an der Treppe und schaute nach den
schönen Beinen. Er grüsste nach links und
nach rechts. Das war nicht mehr wie früher, in den ersten Jahren der Ehe, als der
Schatten seiner Frau, je nach Stand der
Sonne und der Witterung, hinter ihm auftauchte, und eine energische Stimme sagte:
Strobel! Wir gehen! und er dann wie an
der Leine abmarschierte. Jetzt war er
quicklebendig. Der braune Zylinder sass
verwegen auf seiner Bürste. Er trug einen
Gehrock, gestreifte Hosen und Knopfstie-
felchen. Die Absätze hatte er sich höher
machen lassen. Das Gebetbuch hielt er vor
sich hin.

Ich fragte ihn, wie es seiner Frau gehe. Er
antwortete, er sei froh, dass die Krankenschwester so regelmässig komme. Dann
senkte er das Schlangengesicht und kam
mir mit dem andern nahe: Wie lange ich
glaube, dass die Arme noch dulden müsse?
Meine Antwort war immer die gleiche: Geduld, Pflege und Linderung der Schmerzen
sei alles, was wir zu tun vermögen. Und
wir müssen so handeln, wie wir wünschen,
dass einmal, wenn wir in die gleiche Lage
kämen, an uns selbst gehandelt werde.
Strobel gab mir vollkommen recht. Sein
Gesicht wechselte. Und er hob den Zylinder.

Lisabethli war die einzige Tochter des
Fuchsbauers, der mit einer alten, dicken
Magd am Fuss des Rosenberges einen bau-
fälligen Hof bewohnte. Füchse hatte dieser
keine im Stall, sondern nur ein paar Ziegen
und Schafe. Seinen Namen bekam er daher,
weil er fuchsteufelswild werden konnte,
wenn ihm etwas wider den Strich ging,
Seine Frau war ihm früh gestorben. Lisabethli wurde von der alten Magd aufgezogen, die es in vielem nicht so genau nahm.

Das Kind war nur mühsam in der Schule
nachgekommen und mehrmals sitzen geblie-
ben. Es konnte kaum lesen und schreiben,
rechnen schon gar nicht, stiess beim Sprechen mit der Zunge an und war immer
feucht um den Mund. Es hatte, kurz gesagt,
trotz seiner sonstigen Üppigkeit einen be-
schränkten Kopf. Ihm sei recht, sagte der
Fuchsbauer, wenn es bei Strobels etwas
lerne.

Der Fuchsbauer hatte einen geringen Ertrag
von seinen Feldern, und wenn das Lisabethli
noch einen Batzen heimbrachte, nahm er
ihn gern. Der kleine, untersetzte Mann war
unzugänglich. Und kam es vor, dass er einmal zu viel trank, so machten die Leute einen Bogen um ihn, denn er hatte ein locke-
res Handgelenk, und die kleine Axt war
nicht weit. Mehrmals sass er wegen Wild-
frevel und Tätlichkeiten hinter Schloss und
Riegel.

Lisabethli ging bei Strobels ein und aus, je-
doch nur im untern Stock. Zur Kranken
kam es nie hinauf. Und diese erfuhr auch
nichts, trotz allem Klopfen.

Der Fuchsbauer konnte sich unentgeltlich
den Bart schaben und die Haare schneiden
lassen. Ob er sonst noch etwas mitbekam,
ist unbekannt, Die Leute machten spitze
Gesichter, aber sie konnten nichts dagegen
unternehmen.

Als ich wieder einmal zu einem Krankenbesuch vorsprach, wurde ich zuerst tüchtig
eingeseift. Das Messer glitschte, und die
Gesichter des Barbiers wechselten: Das Leben sei schön, doch man sollte jünger sein!
Einzig die Jugend sei des Lebens wert! Und
es sei geradezu eine Verjüngungskur, mit
der Jugend Umgang zu pflegen. Ich erwiderte nichts darauf. Die Geschichte mit Lisabethli war mir bekannt.

Dann ging ich hinauf. Die Kranke lag mit
zusammengekrümmten Gliedern steif im
Bett. Ihre Finger waren dünn und lang wie
die dürren Blattstiele der Rosskastanie. Sie
konnte den Nacken nicht mehr bewegen.
Unter mühevollen und schmerzlichen Anstrengungen griff sie nach dem Stock und
klopfte.

Der Frisör erschien und setzte sein Schlangengesicht auf: Mutterchen, was wünschest du? Strobel, sagte die Kranke, was treibst du? Setz dich hier auf den Stuhl! Er kam der Aufforderung nicht nach und schob Kundschaft vor. Und Strobel schlüpfte hinaus.

Die Frau musste etwas ahnen. Um ihre Augen nistete die Sorge, aber sie sagte nichts. Ich sah ein paar Tränen auf die verhärmten, abgemergelten Wangen fallen. Nachdem ich eine Weile bei ihr gesessen hatte, kam die Schwester. Ich fuhr mit der Hand über die Stirne der Kranken und verabschiedete mich.

Auf dem obern Treppenabsatz stehend, hörte ich in der Barbierstube ein Schäkern. Es verstummte, als meine Tritte näherkamen. Ein schmieriges Krötengesicht zeigte sich in der Türspalte und zog sich schnell wieder zurück.

Draussen schwang das Barbierbecken unruhig hin und her.

Die Ereignisse wickelten sich in rascher Folge ab. Die Frau starb nicht. Die Gichtkranken haben eine lange Leidenszeit. Ich gab die lindernden Morphiumpulver nur in beschränkter Anzahl ab und vertraute sie der Krankenschwester an. Dem Strobel machte ich den Vorschlag, die Frau in Spitalpflege zu geben, aber er und die Kranke lehnten ab. Ich sprach mit dem Pfarrer. Er unterstützte meinen Vorschlag, Doch es konnte nichts erreicht werden. Und der Pfarrer schüttelte sorgenvoll das Haupt.

Es vergingen einige Monate. Da kam eines Abends spät der Fuchsbauer zu mir, das Lisabethli wutentbrannt vor sich herstossend. Er war nüchtern. Doktor, sagte er, ich will wissen, ob es so ist! Ich schaute ihn gefasst an, denn ich war im Bilde. Das Lisabethli war voller geworden. Es senkte die Augen. Die Leute rufen es mir nach, schrie der Alte. Als Vater habe er das Recht, es zu wissen! Und er schlug sich mit der Faust auf die Brust.

Ich hiess ihn draussen warten und untersuchte nur kurz: Dann rief ich den Fuchsbauer herein, und da er ja ihr Vater war, hatte ich keine andere Wahl, als ihm zu sagen, dass es so sei. Besänftigend streckte ich die Hand aus. Doch er wandte sich ab, riss das Lisabethli mit sich und stiess hervor: So! Der verfluchte Barbier!

Was konnte ich tun? Es war schon spät. Ich ging im Zimmer auf und ab. Erst wollte ich zum Pfarrer eilen, legte dann aber den Hut wieder hin und kam zum Entschluss, dies morgen in der Frühe zu tun. Ich versuchte zu lesen.

Einige Stunden waren vergangen. Da pochte es an die Haustüre. Draussen stand die Krankenschwester, bleich und zitternd: Ich solle zu Strobel kommen! Auf dem Wege dahin berichtete sie: Sie habe bei der schlafenden Frau gewacht, und da sei unten plötzlich Lärm entstanden, und sie hätte einen Schrei gehört.

Als ich hinkam, lag Strobel tot auf dem Boden der Barbierstube, blutüberströmt. Der Hieb war scharf gezielt – das Gesicht von der Stirne an entzweigespalten.

Droben klopfte die Frau. Die Schwester war auf dem obern Treppenabsatz in die Knie gesunken und betete schluchzend. Ich stiess sie an. Sie vermochte sich wieder zu fassen und ging zur Kranken hinein.

Ein kalter Wind fuhr durch die Rosengasse. Das Barbierschild schlug gegen die Eisenstange.

Als ich nach vielen Jahren einmal in der Nähe der Abfallgrube Pflanzen suchte, trat mein Fuss im Gestrüpp auf einen festen Gegenstand. Es war ein verwittertes Messingblech – das Barbierbecken!

Ich wandte mich ab und verliess die Schutthalde.

Das Schlösschen lag auf einem Hügel. Seine weisse Fassade mit den Bogenfenstern und den grünen Läden leuchtete weithin. Es hatte einen Turm, auf dem eine Windfahne stand. Ein dunkler Park mit alten Bäumen bildete den Hintergrund. Auf dem gepflästerten Vorplatz, ein paar Schritte vom Portal, ragte ein Kastanienbaum empor, der so hoch wie der Turm war.

Die Mauer, welche gegen die Landstrasse hin abgrenzte, wurde von einem Gittertor unterbrochen. Auf jedem der beiden Torpfeiler sass ein kleiner, aus Kalkstein gemeisselter Löwe, der seine Pranke auf eine Kugel legte. Das zweiteilige, schwarz angestrichene Gitter war unten aus schweren Eisenstäben geschmiedet, die nach oben zu dünner wurden und in allerlei sinnlose und überladene Gewinde und Spiralen ausliefen. Einen noch seltsamern Eindruck hinterliess das Wappen, welches auf dem granitnen Querbalken über der eichenen Haustür angebracht war: Ein Schild aus Sandstein, auf dem in schräger Richtung von links unten nach rechts oben ein Stab verlief, und in dessen linkem Feld eine Maske schwebte, die einem Totenkopf ähnelte.

Der Stab kam mir wie ein Lineal vor, und ich musste an den alten Schulmeister denken, der, mit dem Lineal auf das Pult klopfend, zu sagen pflegte: Euer Wandel sei wie ein Lineal gerade! Er hatte mir mit diesem kantigen Ding solche Angst eingejagt, dass ich sogar nachts im Dunkel aus dem Bett stieg und auf dem Tisch nachtastete, ob es sich auch ja in der richtigen Lage befände. Neben mir auf der Schulbank sass Theodor, das einzige Kind des Schlossherrn. Er war ein zarter, blasser Knabe mit grossen, dunklen Augen. Über seine Stirn hing das lange, schwarze Haar in wirrem Gespinst, wie jenes über dem Gittertor.

Theodor lud mich oft ins Schlösschen ein. Am Teich, bei der Holzbank, war unser Lieblingsplatz. Die Hängebuche glitzerte wie ein Wasserfall, und von den niederwallenden Zweigen der Trauerweide tropften die gelben Blätter ins Wasser. Theodor führte mir seine Kunststücke mit dem Ball vor. Er fing ihn mit der Stirn auf und setzte ihn auf den Finger, wo er sich drehte. Ich staunte über seine Fertigkeit, und so oft ich das Spiel auch probierte, es wollte mir nicht gelingen.

Joachim, der Gärtner mit der Schildmütze und dem grünen Schurz, ging unter den Rüstern hin und her. Und Anna, die getreue Magd des Hauses mit dem weissen Häubchen auf dem Haar, brachte uns Nüsse und Brot.

Die fetten Karpfen durchstiessen den schlammigen Grund und kamen an die Oberfläche. Sie streckten die dicklippigen, bärtigen Mäuler in stets kauender Bewegung aus dem Wasser. Ihre Augen glichen matten Glaskugeln mit schwarzen Tupfen. Wir warfen ihnen kleine Brotbrocken zu, nach denen sie, sich träge wendend, schnappten. Mit den Schwanzflossen quirlten sie stossweise. Auch wenn sie nicht frassen, kauten ihre Mäuler, als sprächen sie Zauberformeln. Die Fische schwammen in einem dicken Knäuel auf uns zu und bewegten ihre Mäuler im Takt. Alles war voller Mäuler. Und wenn ich Theodor anschaute, sah auch sein Mund wie die Mäuler im Wasser aus und kaute wie jene. Der ganze Teich schien mitzumachen und ein einziges Maul zu sein. Die Stämme der Bäume verdrehten sich. Der Dachfirst des Schlösschens bekam eine Beule, und der runde Mond, welcher über den Wäldern auftauchte, wurde zu einem Fladen. Doch bald kam die besorgte Anna, zog Theodor eine Wolljacke an und strich ihm die Haare zurück.

Wenn wir Nüsse aufknackten, sprang Theodor auf die Bank und warf aus einer Hand eine Nuss nach der andern in die Höhe und fing sie mit der gleichen wieder auf. Das Spiel ging schneller, und der Nüsse wurden immer mehr. Sie hüpften hoch wie auf der Kilbi die Silberkügelchen über dem Wasserstrahl. Darauf flogen sie in hohem Bogen von einer Hand in die andere, und je grösser mein Erstaunen wurde, um so höher trieb Theodor die Nüsse. Seine kleinen, weissen Hände drehten sich so flink wie

Eichhörnchen in der Trülle. Dabei blickten die Augen in die Höhe, als müssten sie den Polarstern festhalten.

Während eines solchen Spieles trat einmal der Schlossherr, an der Pfeife baffend, hinter einem Baum hervor. Er schaute Theodor zu, und sein Gesicht verzog sich zu einem breiten Lachen. Der Schlossherr war alt und grau. Er trug einen gelben Schlafrock, unter welchem dünne, kurze Beine hervorkamen. Seine Gestalt war untersetzt und unförmig. Ein violettes Samtkäppchen deckte den kleinen, eckigen Kopf, der auf einem langen, schiefen Halse sass.

Von hinten glich er einer Bassgeige.

Sonst zeigte sich der Schlossherr selten. Ich roch nur seinen scharfen Tabak in der Halle und sah manchmal die blauen Räuchlein zur Decke ziehen.

In der Halle stand an einer Säule eine schwarze Ritterrüstung, vor der ich ein wenig Furcht empfand. Und ich dachte, dass sich ein böser Geist in einer solch düstern Behausung verberge. An einer Wand hing in schwarzem Rahmen ein Gemälde, das

den Heiligen von Assisi mit dem Totenschädel darstellte. Die Finger des Heiligen glichen Flämmchen, und der Schädel schwebte auf ihnen.

Theodor führte mich die vielen Steinstufen in die Turmstube hinauf und öffnete sie mit den Worten: Das ist die Bibliothek!

Staunend sah ich mich um. Rings an den Wänden, die durch vier nach der Windrose eingesetzte Fenster durchbrochen wurden, ragten Schäfte aus Eichenholz. Vom dunkelbraun gebohnten Fussboden bis hinauf zur hellen Decke waren die Bücher aufgereiht. Ich ging auf den Zehenspitzen herum. Von den farbigen Lederrücken glänzten goldene Buchstaben. Ich sah schwere Folianten, in Schweinsleder oder Pergament gebunden, die zum Verschliessen Eisenspangen trugen, und Büchlein, von welchen eines in der geschlossenen Hand Platz hatte. Die Mitte des Gemaches nahm ein grosser, runder Eichentisch ein, mit Füssen wie Bärentatzen. Am Abend brannten auf dem Gesims des aus Granitplatten gebauten Kamins die Kerzen eines Armleuchters. An den Schäften fingen die goldnen Buchstaben an zu funkeln, und wie ein Sterngewölbe drehte sich die Bibliothek um uns.

Wir versanken über den Büchern in die wonnigen Tiefen der Märchen und Abenteuer. Manchmal lagen wir auf dem Tisch und verschlangen die Bücher, bis sie uns verschlangen. Es war bei einer Walfischjagd. Wir blätterten und lasen gemeinsam. Im spannendsten Augenblick – der Waljäger erhob wie einer der homerischen Helden die Harpune zum Wurf – da rutschte das Buch über die Tischkante hinab. Ich sah in Gedanken die Meereswogen über ihm zusammenschlagen und hielt mich am Tischrand fest.

Waren unsere Augen vom vielen Lesen müde geworden, so liefen wir von einem Fenster zum andern und schauten über die grünen Wogen der Wälder nach dem fernen Kreis der Berge. Dort begann ein wundersames Blauen. Und wo ein Gipfel höher ragte, war ein noch tieferes Blau. Wir schritten die Runde ab, und jeder sah einen Blauen. Ringsum war alles ein Blau. Theodor sprang auf den Tisch, drehte sich wie ein Kreisel und rief: Die ganze Welt ist blau!

Die Windfahne über uns klirrte.

Der jähe Tod des Schlossherrn machte unsern Spielen ein Ende. Theodor musste zu Verwandten in ein anderes Land.

Nach vielen Jahren, ich war schon als Landarzt tätig, erhielt ich von Theodor einen Brief. Sein Inhalt lautete ungefähr folgendermassen: Er habe Philosophie und Mathematik studiert, aber, um der Menschheit die Wahrheit zu verkünden, habe er die Narrenkappe angezogen. Wir sind alle Gelächter und Gaukelspiel vor Gott. Wer die Menschen mit Ernst ansiehet, dem ist nicht Wunder, wenn sein Herz zerbräche vor Weinen.

Ich weiss nicht mehr, aus welchem Land der Brief kam. Anfangs hielt ich ihn für einen Scherz. Aber als ich vernahm, dass Theodor als Clown unter dem Künstlernamen Mira Ceti in der Welt berühmt wurde, ist mir der Inhalt jenes Briefes etwas klarer geworden.

Joachim und Anna blieben auf dem Schlösschen zurück. Die Jahre haben sie grau gemacht. Aber Annas Häubchen blieb weiss wie ehedem – das Zeichen eines schützenden Schlossgeistes. Ich fuhr oft zu den beiden hinauf. Theodor, sagte Anna zu mir, war immer ein Närrchen. Er war immer von tiefem Ernst erfüllt, auch wenn er spielte. Gott lässt ihn nicht aus seiner Liebe fallen. Sie wischte mit einem Zipfel ihrer Schürze die Tränen ab.

Joachim lächelte immer. Seine Augen wie auch seine übrigen Sinne waren etwas blöde geworden. Wenn er den Faden seiner Gedanken verloren hatte, drehte er die Schildmütze herum und stiess die blauen Wölkchen aus der Meerschaumpfeife – ein Erbstück des seligen Herrn. Der Kopf der Pfeife war unten schwarz und oben gelblich angelaufen. Er stellte einen Totenkopf dar. An einem Frühlingstag trat ich durch ein Hintertörchen in den Park und schritt an den hohen Bäumen vorbei. Der Karpfenteich war von Wasserpflanzen übersponnen. Unter dem Kastanienbaum, der die ersten weissen Kerzen ins Licht hob, sass Anna und strickte. Als ich näherkam, drehte sich das weisse Häubchen um, und Annas Händen entfiel der Strumpf. Sie musste an Theodor gedacht haben. Vielleicht ahnte sie, dass er bald zurückkehrte. Im Rosenbeet neben der Treppe brachen schon einzelne Knospen auf. Das Wunder des Lebens drängte sich aus ihrer Rundung hervor. Anna erzählte mir, wie selig und wunderbar Theodors Kinderaugen gestrahlt hätten. Eine Masche entfiel ihr. Sie versuchte sie aufzunehmen, aber sie fuhr mit der Nadel ins Leere.

Von der Remise her kam schlarpenden Ganges Joachim. Sein grüner Schurz war frisch gewaschen. Er begleitete mich zum Gitter. Dort schaute er mit stierem Blick auf den Kiesweg, als suchte er etwas. Auch seine Gedanken waren mit Theodor beschäftigt. Er hätte, so begann er aus der Erinnerung zu schöpfen, als das Kind aus der Taufe gehoben wurde, die Paten und die Gäste mit dem Zweispänner zur Kirche geführt. Die junge Schlossherrin habe ihm gesagt, Theodor heisse Gottesgeschenk. Wie eine Nachtigall habe sie dann droben in der Turmstube gesungen. Und singend sei sie bald darauf weggegangen und nicht wiedergekommen. Der Herr sei auch weggegangen, Theodor auch, alle seien weg. Joachim drehte an seiner Schildmütze.

Ich musste mit einem starken Ruck das verrostete Gitter aufreissen. Es war unten von Grasbüscheln überwachsen. Vom Eisengespinst hingen noch einige Drähte und Spiralen herunter. Der Filigran des Sinnlosen war stückweise abgefallen. Die Spitzen der Eisenstäbe standen in starrer Ordnung.

Im Herbst ist Theodor zurückgekehrt. An einem späten Nachmittag fuhr ich ins Schlösschen. Auf der siebenstufigen Kalksteintreppe wischte Joachim die dürren Blätter zusammen und schüttete sie mit vollen Armen auf das Rosenbeet, um es über den Winter einzudecken. Der Wind trieb die Blätter im Kreise herum.

In der Halle kam mir Anna entgegen und sagte, einen Seufzer unterdrückend, Theodor sei in der Turmstube. Ich stieg die vie-

len Stufen hinauf und blieb einen Augenblick zaudernd vor der Tür. Als nach mehr-
maligem Anklopfen keine Antwort erfolgte,
trat ich ein.
Auf dem Tisch stand eine schwarze Vase
mit roten Rosen. Wie früher waren die
Schäfte voller Bücher. Auf dem Sims des
Kamins brannten die Kerzen. Vor dem
Feuer befand sich ein Lehnstuhl, der mir
den Rücken zukehrte. Eine weisse Hand lag
auf der Armlehne. Die Spitze einer Nase
kam zum Vorschein, dann ein Kahlkopf, auf
dem die Lichter spielten. Theodor! begrüsste ich ihn. Der Kopf hob sich ein wenig.
Die Augen blieben geschlossen, und um den
Spalt des Mundes bemerkte ich ein Zucken.
Ich hätte Theodor nicht wieder erkannt.
Was geht in diesem Kopfe vor, fragte ich
mich. Ich betrachtete die hohe Stirn, welche von einem mächtigen Schädelgewölbe
senkrecht herabstieg, von breiten Schläfen
gestützt. Durch die Kopfhaut hindurch
konnte ich die Spur der Schädelknochen-
nähte erkennen. Und ich dachte: Heisst
nicht die Hirnschale, der Glätte des Schä-
deldaches wegen, Calvaria? Endet nicht all
unser Sinnen und Trachten auf dem Kalva-
rienberg, der Schädelstätte? Ist nicht ein
Kahlkopf die Signatur der Weisheit? Sind
die Haare nicht eine schöne Täuschung?
Und zierte nicht Cäsar seinen kahlen Schädel mit der Lorbeerkrone? Ist nicht auch
der Kopf des Gauklers ein Gefäss ewiger
Weisheit? Ich dachte an Yoricks Schädel,
des Königs Spassmacher.
Während ich solchen Gedanken nachhing,
fielen die feurigen Scheiter im Kamin in
sich zusammen. Einzelne Funken tanzten
zum Abzug empor, blieben eine Weile
schweben, bevor sie ins Dunkel verschwanden. Sie riefen mir den Namen jenes wie-
derkehrend aufsteigenden Sternes wach,
unter dem Theodor auf der Bühne auftrat.
Und ich sagte: Mira Ceti! Der Kahlkopf
schlug die dunklen Augen auf und bewegte
sich nach vorn, den Gluten zu. Ein rötlicher
Schein fuhr über das aschfahle Gesicht.
Dann fiel das Haupt wieder auf das Polster
zurück. Der Mund verzerrte sich zu einem
grässlichen Grinsen, und die Lippen zuck-

ten krampfhaft. Ein sardonisches Lachen!
Das kommt davon, dachte ich, wenn einer
dem Publikum so lange den Affen gemacht.
Das Grinsen wurde mir unerträglich. Ich
schritt in der Bibliothek auf und ab. So oft
ich meinen Blick auf Mira Ceti warf, begegnete mir das furchtbare Grinsen. Alles um
mich grinste. Der Lehnstuhl fing hinten bei
der Sitzspalte an zu grinsen. Die Bücherschäfte schnitten Grimassen. Die Schatten
an der Wand nickten sich höhnisch zu.
Überall war das Grinsen, und alles schien
sich zum Grinsen verschworen zu haben. In
einem dunklen Winkel kauerte gar die
Angst und grinste mich an. Wäre mir eine
Fliegenklappe zur Hand gewesen, hätt' ich
ihr eins auf die Fratze gehauen. Auch mein
Gesicht war angesteckt und grinste mit. Ich
griff nach ihm.
Ich öffnete ein Fenster. Der Vollmond, eine
grinsende Larve, kroch über die Wälder.
Als ich mich wieder nach Mira Ceti um-
schaute, sass er teilnahmslos da. Ein blei-
ches Licht strich über seine Stirn. Die Bibliothek wurde mir zu einem Labyrinth des
Unheimlichen. Ich entfloh.
Auf die Kalksteintreppe fielen noch immer
die Blätter. Der Mondschein huschte über
ihre Schreckgesichter.

58 Die Chaise ratterte den Hügel hinab. Das Pferd griff aus, als wären Tod und Teufel hinter uns her.

Den Winter hindurch besuchte ich den Kranken in der Bibliothek. Das weisse Gestiebe des Schnees schlug an die Fenster. Im Kamin kräuselte sich eine grauweisse Asche um die dunkelrote Glut, wie Flaum von jungen Schwänen.

Mira Ceti sass meist regungslos vor dem Kaminfeuer, in einen rotkarierten Schlafrock gehüllt. Hin und wieder schürte er mit dem Feuerhaken die Glut. Er sprang auch plötzlich auf und rannte gestikulierend um den Tisch herum, blieb wieder stehen und wendete fieberhaft die Seiten der auf dem Tische liegenden Bücher um. Eine gedankliche Wechselbeziehung kam zwischen uns nicht zustande. Er las mir aus den Büchern unzusammenhängende Stellen vor. Mit Vorliebe steckte er den Finger in einen geschlossenen Band, schlug diesen auf und mass der Stelle, wo der Finger gerade hinwies, höchste Bedeutung zu. Und er versank wieder in ein lethargisches Schweigen. Ich vermochte nicht zu unterscheiden, ob Mira Cetis Zustand die Folge eines Scheiterns oder einer schweren Enttäuschung war. Ich frug mich auch, ob er sich gar verstellte. Schliesslich musste ich seinem ganzen Gebaren entnehmen, dass er ein von Wahnideen Getriebener sei.

Eines Abends sprach Mira Ceti in abgerissenen Sätzen auf mich ein: Mit der Philosophie ist es mir schlecht ergangen. Diese setzt entweder ein Lineal oder einen Totenkopf vor. Ich habe beides nicht schlukken können. Darnach bin ich auf die Infinitesimalrechnung übergegangen, und es gelang mir, bis zur Ewigkeit vorzustossen. Das Lineal und der Totenkopf dienten mir zum Peilen. Doch der Totenkopf ist immer wieder abgerutscht. Mit Hilfe eines Koordinatensystems habe ich trotzdem die grause Notwendigkeit durchbrochen. Die ewigen Wahrheiten fingen zu leuchten an. Und ich hörte Töne, die noch kein Mensch gehört. Und einen Augenblick war alles licht. Plötzlich hat sich der Polarwinkel verschoben, und alle Punktationen tropften ins Nichts.

Als ich nach dem Achsenkreuz schaute, hockte ein Ungeheuer von einer Spinne darauf. Sie trug ein weisses Kreuz auf ihrem Buckel. Ich wusste gleich, dass es der Webergott war, der sich in sie verwandelt hatte, um mich zum Narren zu halten. Die Spinne zuckte und ruckte im Netz, dass mein ganzes Koordinatensystem erschüttert wurde. Sie drehte in den Kieferklauen die Totenköpfe wie Weberspulen, knackte sie und liess sie fallen. Unten lagen ganze

Berge von Totenköpfen. Auf dem zerrissenen Netz liefen jetzt kreuz und quer Tigerspinnen, karminrote Springspinnen, und auch die Harlekinspinne hüpfte umher. Mit meinem Zauberstab zerschlug ich alles. Mira Ceti hielt einen Augenblick inne und kratzte mit dem Fingernagel ein Loch in die Eisblumen am Fenster. Hinter seiner hohen Stirn, die wie eine weisse Fassade aufragte, liefen die Fäden wirr durcheinander. Er setzte seine Thesen fort: Die Koordinaten wurden von den Kohorten abgelöst. Hier, am Fenster stehend, habe ich noch gestern nacht die gedämpften Schritte und das leise Waffengeklirr der Legionäre gehört, die sich drunten am Ufer des Stromes auf der Wache ablösten. Die Nächte vorher ist alles still gewesen, und ich konnte meinen Lieblingen, dem Achilles, dem Alexander und dem Julian nachsinnen. Letzterer dauert mich besonders, weil er in seiner Begeisterung vergass, in die Schlacht Helm und Panzer anzuziehen. Dschingiskhan und Tamerlan sind auch den Pfeilen erlegen. Und wenn die Araber Europa besetzt hätten, wäre alles anders geworden. Die Türken wurden von Cervantes bei Lepanto geschlagen, und ihm ist die linke Hand zerschossen worden. Wäre es die rechte gewesen, so hätte er nicht mehr schreiben können, und der Papst und der Kaiser wären sich nicht einig geworden, ihm einen Schreiber zu stellen. Beide haben immer nur gegeneinander konspiriert. Auch die französische Revolution hat nur konskribiert. Aber die Revolutionen spinnen sich weiter, und der Köpfe rollen immer mehr. Wären es nur Dummköpfe, so läge nicht viel daran. Die, welche sich von Gottes Gnaden nennen, tragen die erste Schuld; doch die Köpfe der Könige und Pfaffen bilden ein Parallelogramm der Kräfte, welches sich auch dann nicht verschiebt, wenn der letzte König an des letzten Pfaffen Darm aufgehängt ist. Die Vernunft aber ist keine Göttin. Sie lässt sich nicht mit toten Köpfen abspeisen. Sie ist ein Tempel Gottes, den Kant mit eisernem Besen ausgekehrt. Das Kreuz der blutig verfolgten Tempelritter werde ich von neuem errichten, und ich

selbst ziehe die schwarze Rüstung an. Mir schwindelte ob diesen Gedankensprüngen. Doch neugierig geworden, stellte ich die Frage: Und dann? Mira Ceti antwortete: Dann kommen die Gelben und machen alles gleich. Joachim muss dann gelbe Rüben ums Schlösschen pflanzen. Das Lineal und den Totenkopf habe ich im Koffer verstaut. Ich werde sie zur rechten Zeit zu neuen Funktionen hervorholen, um die Grenzen des Reiches Gottes festzulegen. Mir drehte sich alles im Kopf: Der Kamin, die Bücherschäfte und Mira Ceti samt dem Fensterkreuz und dem Schneetreiben draussen. Ich war machtlos und wusste kein Mittel, dem Kranken zu helfen. Des Aischylos Worte fielen mir ein: Von Sinnen bist du, aus dir selbst riss dich der Gott. – Ich dachte nach, warum die Alten solche Krankheiten heilig nannten und ihre Ursache den Göttern zuschrieben. Und mir kamen die Gedanken, dass der Mensch in seinen Tiefen verschlossen, dass über allem, auch über Krankheit und Unruhe, ja selbst über dem scheinbar Sinnlosen ein unergründlich Geheimnis liege, und dass auch die Narrheit eine Botschaft des Göttlichen sei, und durch sie den Menschen eine ernste Mahnung zukomme. Während ich in der sternenbesäten, eisigen Winternacht heimwärts fuhr, ward mein Inneres erfüllt von Demut und Ehrfurcht vor dem grossen Geheimnis. Der Frühling kam. Im Rosenbeet brachen die Knospen auf. Der Kastanienbaum stellte seine weissen Kandelaber ins Licht. Zur Zeit des Kerzenanzündens fuhr ich zum Kranken ins Schlösschen. Joachim putzte, die Pfeife im Mund, an der Rüstung. Er klappte die Scharniere auf und zu, dass es in der Halle widerschallte. Anna sagte mit vor Weinen erstickter Stimme: Theodor will wieder in die Welt. Ich stieg zur Turmstube hinauf. Die Bibliothek war hell erleuchtet. Von drei siebenarmigen Kerzenständern strahlte das Licht. In der schwarzen Vase auf dem Tisch öffneten sich die ersten Rosen. Wie ein gehetztes Wild lief Mira Ceti um den Tisch herum. Er war mit einer schwarzen Hose und einem dunkelvioletten Kamisol bekleidet. An den Füssen trug er schwarze, dünne Filzschuhe. Sein Schädel glänzte.

Durch ein offenes Fenster strömten die warmen Lüfte. Ich hörte die Frühlingswinde in den Wäldern wühlen. Sternbilder blinkten am Himmel. Der Sirius funkelte. Mira Ceti unterbrach seinen Lauf und lauschte in die Nacht hinaus. Vielleicht hatte die Frühlingsnachtgleiche auch seinen Stern heraufgebracht? Mira Cetis Augen zuckten wie die Flammen der Kerzen.

Ich setzte mich und schlug ein Buch auf, um den Kranken abzulenken. Auch er zog ein Buch hervor und schien lesen zu wollen. Da fing es vom Kastanienbaum her sanft zu flöten an. Es war die Nachtigall. Mira Ceti wandte den Kopf nach dem Fenster. Die Melodien flossen bald jubelnd, bald klagend durch die Stille der Nacht. Wir lauschten beide. Und ich erinnerte mich des Verses: Alles Leben ist von Leid umblüht. Von Aischylos stammt er. Der Dichter hat ihn mit dem Gesang der Nachtigall verschmolzen. Über Mira Cetis Gesicht ging eine weiche Regung. Hörte er der Mutter Stimme?

Seine Lippen bebten. Schon hegte ich die Hoffnung, dass sich die Verkrampfung seines Innern durch die Macht der Töne lösen könnte. Doch seine Züge verfinsterten sich wieder, und er begann den Rundgang von neuem.

Nach einer Weile blieb er stehen, öffnete ein flaches Kästchen und entnahm ihm verschiedene Töpfe. Mit einer weissen Paste strich er sich das Gesicht an, zog einen roten Ring um den Mund und tupfte ein paar schwarze Striche um Augen und Nase. So geschminkt, starrte er mich an: Ein Karpfengesicht auf Weiss gemalt! Das Lachen befiel mich.

Die Kerzen brannten hell, und an der Decke gaukelten die Schatten.

Mira Ceti straffte seine Haltung. In seiner dunklen Kleidung erschien er mir wie des Todes Konterfei. Das Lachen verging mir. Er warf noch einen Blick nach dem Fenster, als ob er von dort angerufen würde. Dann wandte er sich brüsk um und verschwand im Dunkel zwischen zwei Bücherschäften, von wo er bald, einen grossen Kasten vor sich herstossend, zurückkam. Der Kasten war unten breit und lief nach oben in einen Hals aus. Es war ein schwarz angestrichener, hölzerner Behälter, in den eine Bassgeige versorgt werden konnte. Es tönte hohl, wenn er am Boden aufschlug. Mir war, als ob Mira Ceti seinen eigenen Sarg herbeischleppte.

Nicht weit von mir, der ich gleichsam das Publikum bildete, lehnte er den Kasten an den Tisch und öffnete ihn. Von einem Instrument war nichts zu sehen. Mira Ceti griff mit beiden Händen in die Tiefe und holte zwei Gegenstände hervor: Einen ellenlangen Stab aus schwarzem Ebenholz und einen Totenschädel. Ich rutschte auf meinem Stuhl zurück. – Es war ein richtiger

Menschenschädel, so gross wie derjenige
Mira Cetis. Der Unterkiefer fehlte. Die
Hirnschale glänzte gelblich wie eine Billard-
kugel. Seinem Aussehen nach stammte er
nicht aus der Modergrube, dem Reich der
Würmer. Aus Erfahrung wusste ich, dass
ein solches Ding unter der Hand von einem
Anatomiediener erstanden werden konnte
oder von einem Krempler, der ihn aus einem Versteck seiner Bude hervorholt, den
Staub von ihm wegbläst, und geheimnisvoll
auf der Hand wiegt. Mein Vater hatte einen
solchen Schädel auf dem Schreibtisch liegen.
Er kam von einem geköpften Raubmörder.
Als Kind getraute ich mich nicht allein ins
Zimmer. Das Schädeldach war hochge-
wölbt, aber hinten soll etwas nicht ge-
stimmt haben. Ich wüsste nicht mehr was.
Mein Vater, der auf seine kraniologischen
Kenntnisse stolz war, griff manchmal nach
dem Hinterkopf seines stummen Stammga-
stes: Hier ist der Knacks! Und hier ist das
Fallbeil satt vorbeigesaust.
Aus solchen Betrachtungen wurde ich
durch Mira Ceti aufgeschreckt, der, wie
von einer Tarantel gestochen, über den Kasten hinweg auf den Tisch sprang. Der Dek-
kel des Kastens klappte durch die Erschüt-
terung zu, und das Ungetüm fiel dröhnend
auf den Boden. Mira Ceti stand jetzt neben
der Vase mit den roten Rosen. Die Lichter
der Kerzen tanzten auf seinem Kamisol. In
den Händen hielt er die beiden Insignien –
der Tod mit Szepter und Reichsapfel.
Draussen sang die Nachtigall.
Ein grauenerregendes Spiel begann: Der
Schädel hüpfte aus der rechten Hand. Mira
Ceti fing ihn mit dem Zeigefinger auf, wo
er sich im Kreise drehte. Dann sprang er
auf den Stab, den die Linke senkrecht hielt
und drehte sich dort. Alles ging mit einer
solchen Behendigkeit, dass ich den einzelnen Bewegungen kaum zu folgen vermochte. Es war immer derselbe Punkt des
Schädels, den er mit Sicherheit traf. Und
darüber kreiste der zahnlose Oberkiefer.
Ich vernahm nicht das mindeste Geräusch.
Manchmal schien sich der bleiche Kumpan
in der Schwebe zu halten. – An der Decke
spielte der Schatten mit.

Der Schädel hüpfte höher und sank wieder auf den Stab oder den Zeigefinger zurück. Auf einmal flog er hoch, bis fast zur Decke empor, und Mira Ceti bückte sich und fing ihn mit dem Nacken auf. Dort ruhte er aus. – Der Schatten zeichnete den von Zeus verfluchten Titanen Atlas mit der Weltkugel ab. Ein Ruck! und der Schädel glitt blitzschnell Mira Cetis Rücken hinunter und wurde, zwischen den Beinen hindurch, mit der Rechten aufgefangen. So kreiste er in einer Tour, und unversehens sass der, welcher soeben noch im Nacken stak, wieder auf dem Stab.

Bevor ich mich vom Staunen erholen konnte, streckte der Gaukler den Stab samt dem Todesball geradeaus. Dieser drehte sich, rutschte den Stab entlang, den linken Arm hinauf, über den Nacken hinweg, sauste den rechten Arm hinunter und kreiste auf der Spitze des Zeigefingers. So ging es hin und her.

Das war das Vorspiel. Pausenlos ging's nun weiter, wie in den Sätzen eines düstern Musikstückes. Der Schädel sass wieder im Nacken. Wäre noch der Unterkiefer dabei gewesen, so hätte ich glauben müssen, dass er sich dort festgebissen. – Der Schatten spielte Dantes Ugolinogesang, wo erzählt wird, wie zwei Sünder, in ein Loch gefroren, der eine des andern Haupt benagt. Doch ich sah, wie Mira Ceti den eigenen Schädel vorstreckte und wie der andere über seinen Hinterkopf hinaufrückte, bis beide Schädel, Scheitel auf Scheitel, standen. Mira Cetis Schädel hielt still, und der andere kreiste. Aber bald drehte sich Mira Cetis Körper herum, und der obere Schädel bewegte sich nicht. Bei diesem schwingenden Wechselspiel hielt der Jongleur seine Arme ausgestreckt, schlug mit dem Stab den Takt und wippte wie bei einem Menuett. Das Karpfenmaul sperrte sich auf, als ob es den mächtigen Brocken verschlingen wollte.

Mich schauderte. Durch ein leichtes Kopfneigen glitt der obere Schädel auf der schiefen Ebene bedächtig gegen die linke Schläfe, verweilte dort, als hätten sich die beiden Trabanten etwas zuzuflüstern. Und

wupp! sass der andere, der aus dem Reiche des Todes, wieder oben. Jetzt rutschte er auf die rechte Schläfe hinüber, als müsste er sich hier zu einer Liebkosung einfinden. Doch im Nu hockte der eine wieder auf dem Scheitel, näherte sich der Stirn des untern, schaukelte zögernd hin und her, bis er auf Mira Cetis Nasenspitze sprang und dort ruhig blieb. Der rote Ring um Mira Cetis Mund war die einzige Farbe des Lebens. – Die Schatten spielten zwei Liebende, die sich zum Küssen anschickten. So gespenstisch die Vorstellung war, sie zeigte eine Art Methode. Wie zwei Pilger aus Zeit und Ewigkeit begrüssten sich die beiden Schädel und grinsten sich im Possenspiel des Todes zu, als wollten sie die Spannung zwischen Mensch und Tod aufheben. Der Schädel zog sich jetzt von der Nasenspitze Mira Cetis wieder rückwärts in den Nacken, wo sich der Nasenlose wohlzufühlen schien.

Ich war vom Grauen verschlungen. Die Bibliothek wurde mir zu einem Ort des Entsetzens. Hätten die Schädel endlich doch mit einem Krach zusammengeschlagen! Nein, lautlos ging das Spiel weiter. Es brachte mich fast zur Verzweiflung. Beide Schädel drehten sich wie Fangbälle umeinander, und der Mira Cetis stemmte den andern, als wäre dieser ein Probierstein Gottes.

Die Kerzen waren schon zur Hälfte abgebrannt. Von den Leuchtern hingen wunderliche Tropfgebilde herab. Mira Ceti setzte jetzt den Stab zwischen die Schädel ein. Meine Neugierde wuchs, obwohl mir das ganze Geschehen wie ein Wahnsinnsanfall vorkam.

Die Nachtigall war verstummt.

Das Prinzip der schiefen Ebene hörte auf. Das der Senkrechten begann. Stab und Schädel waren musikalisch mit den Fingerspitzen verbunden. Und ehe ich mich's versah, stand der Stab auf Mira Cetis Stirn. Ein Zucken der rechten Hand, und der Schädel flog in die Höhe. Wie die Flamme der Kerze duckte sich die Gestalt darunter, und der Ball wurde vom Stab im Scheitelpunkt aufgefangen.

Mit aufgerissenem Munde sah ich diesem blitzschnellen Aufbau zu. Eine Karyatide des Todes! Nur ein leises Hin- und Herschwanken von Mira Cetis schlankem Körper war sichtbar. Seine kleinen Füsse stellten sich auf die Zehen. Ja, er schien aufzuschweben und mit den Füssen vom Rosenstrauch abzustossen. Ich glaubte, eine metaphysische Vertikale zu sehen. Wenn nur das dumpfe Gehäuse nicht oben aufgesessen hätte! – Der Schatten riss ein Rieseninsekt auf, das mit dem Kopf gegen das Firmament anrannte. Und Ibis sah ich, den ägyptischen Göttervogel, der das orphische Ei auf seinem Schnabel jonglierte.

Mira Ceti kam mir vor wie einer, der, den finstern Mächten preisgegeben, vergeblich versucht, zu den ewigen Normen durchzustossen. Angesichts eines unverständlichen Schicksals erfasste mich das Mitleid. Und ich befürchtete, dass ihn die Dinge überfordern könnten.

Die Vorstellung nahm ihren Fortgang. Ich konnte mich ihr nicht entziehen. Doch der Anblick steigerte sich zur Qual. Alles drängte im Crescendo einem hierarchischen Punkte zu. Etwas Unheimliches hub an: Mira Cetis Körper begann sich zu drehen, schnell und immer schneller, wie ein Krei-

sel unter Peitschenhieben. Beide Arme waren waagrecht ausgestreckt. Ein Kreuz, das sich um sich selber drehte. Ein Totentanz! Je schneller die Drehung, um so weniger konnte ich an Mira Cetis Kopf die Konturen unterscheiden. Ein roter Strich flitzte vorüber, verwischte Augenhöhlen und ein Gezack von Kinn und Nase. Und oben auf dem Ebenholzstab thronte der Tod, ein König in zitternder Majestät – rex tremendae majestatis.

Zu meinem Entsetzen gewahrte ich, dass nicht Mira Ceti spielte, sondern dass mit ihm gespielt wurde. Ich hielt es nicht mehr aus. Ich sprang auf und wollte ihm zurufen, dass er aufhören solle.

In diesem Augenblick öffnete sich die Tür. Mit einem Schreckensschrei, der den heiligsten Namen der Christenheit enthielt, sank Anna gegen den Türpfosten. Ich eilte, die Fallende aufzufangen.

Das Kreuz brach zusammen. Der Totenschädel schlug auf die Tischkante, sprang im Bogen an mir vorbei und rollte mit dem Geräusch des gesprungenen Topfes die steinernen Stufen hinab.

Ich führte Anna zum Lehnstuhl und wandte mich zu Mira Ceti. Er lag tot auf dem Tisch. Das weisse Häubchen neigte sich vornüber. Anna betete.

Ich stieg in die Halle hinab. Dort stiess ich auf Joachim, der, den Schädel in den Händen, vor der schwarzen Rüstung stand. Er schüttelte ihn und blies den Rauch aus seiner Pfeife in das grosse Hinterhauptsloch. Dieser quoll aus allen Ritzen, aus den Augenhöhlen und dem Nasendreieck hervor. Joachim lachte kindisch. Dann wickelte er das grausige Ding in seinen grünen Schurz und trat zum Portal hinaus.

Ich fuhr den Hügel hinab. Der Tag begann zu dämmern. Von überallher sangen die Amseln. Über den Wäldern schwebte der leuchtende Blauen.

Beim Pfarrer

Ich ging wieder öfters zu unserem Pfarrer. Er ist weisser geworden.

Eines Abends traf ich ihn im Lehnstuhl sitzend. Auf dem Tischchen brannte eine Kerze. In einer Ecke stand das ärmliche Bett, über dem ein schlichtes Kreuz hing. Sonst war nichts im Zimmer, als noch ein kleiner, tannener Schaft voll Bücher. Im grünen Kachelofen knackten die Buchenklötze.

Ich frug den Pfarrer nach Gut und Böse. Er wackelte mit dem Haupte, holte ein altes Buch und las daraus: Dieweil der Mensch nun weiss, dass er auch ein zwiefacher Mensch ist, in Gutem und Bösem habhaft, und dass das alles sein Eigentum und er selber derselbige einige Mensch ist, der da gut und böse; und dass er von beiden die Belohnung zu gewarten hat. Dass also ein Widerwille in aller Kreatur, und also ein jeglicher Körper mit sich selbst uneins ist: Wie zu sehen, dass solches nicht allein in lebendigen Kreaturen ist, sondern auch in Sternen, Elementen, Erden, Steinen, Metallen, in Holz, Laub und Gras. In allen ist Gift und Bosheit. Dass es also sein muss, sonst wäre kein Leben, noch Beweglichkeit, auch wäre weder Farbe, Tugend, weder Freud noch Leid.

Nach diesen Worten umkreiste der Pfarrer mit zitterndem Zeigefinger das Flämmchen der Kerze, welches kaum unsere Gesichter beleuchtete. Rings um diese kleine Lichtquelle war ein Dunkel in dem grossen Raume. Und um diesen Lichtpunkt beschrieb der Pfarrer immer weitere, höhere und tiefere Kreise, die ins Dunkel ausgingen. Und er sprach: Es geht alles über uns hinaus, im Hellen wie im Dunkeln, im Guten wie im Bösen. All unser Wissen gibt nur Anlass zu neuen Kreisen.

Und der Pfarrer stiess mit dem Finger ins Dunkel hinaus – bis hin zu den Kreisen der Gestirne und der Milchstrassen. Der Mensch ist zeitlich, der Heilige Geist aber ewig. Das Zeitliche begreift nicht das Ewige, denn dieses ist das Unbegreifliche. Das Ewige stösst immer zu uns hinein.

Die nach oben strebende Flamme der Kerze schien mir eine Art von Gebet zu sein. Und wieder deutete der Pfarrer mit der Fingerspitze in den Lichtkreis der Kerze: All unser Wissen und Begreifen ist umgeben von Kreisen des unendlichen Geheimnisses. Nur ein Fleckchen ist uns erhellt, und dieser lichte Punkt ist vom Dunkel des Geheimnisses umbrandet. Unerschöpflich ist das Geheimnis, und unhörbar und unsichtbar wirkt es in und um uns, und wir wissen nicht wie. Das Geheimnis bleibt. Es geht ins Unendliche. Wir kommen auch in uns selbst immer auf einen Punkt zurück, der ins Geheimnis führt.

Nicht alles ist böse in der Welt, das Gute ist immer wieder da. Wir umfassen nur ein Teilstück, und wir haben nur menschliche Massstäbe. Die Sonne scheint über Gute und Böse. Aber auch die Sonne ist nur ein Gleichnis des Heiligen Geistes, der alles umfasst. Unser Leben und Denken ist wie ein Korn, in dem ein göttlicher Brennpunkt glüht. Und dieses Korn entfaltet sich zum Baume des Lebens, dessen Wurzelwerk und Krone in die ewigen Kreise streben.

Der Mensch redet, Gott aber schweigt. Gott spricht durch das Schweigen: Seine Stimme ist in uns vernehmbar. Die Kreise der Gottesliebe umgeben uns, und wir vermögen, uns in sie einzuordnen. Der Mensch ist immer auf dem Wege zu Gott, auch da, wo er abirrt. Das, was wir gut und böse heissen, ist eine uns in Raum und Zeit auferlegte Gesetzlichkeit, die uns zur Entscheidung drängt. Darüber aber wird es nur Gott geben, alles in allem, wie uns gesagt ist.

Das Flämmchen auf dem Kerzenstock flakkerte nur noch. Die Glut im Ofen glimmte durch die Asche. Der Pfarrer fuhr fort: Alles was Asche geworden, war vorher fest und lebendig. Aber auch die Asche ist ungeahnter Kräfte und neuer Keime voll. Wie herrlich ist im Sommer der Buchenwald mit seinen hohen, zinngrauen Stämmen und dem grünen Blätterdach voll quellenden Lebens. Allen Dingen gibt die Sonne mit ihrer Kraft das Regiment. Die Flamme der Kerze und die Glut des Holzes spiegeln die Sonne wieder. Alles wandelt sich um. Werden und Vergehen, Sterben und Auferstehen sind die ewigen Kreise, in denen sich die Schöpfung bewegt. Auch wir sind in diesen Kreislauf eingesponnen. Unser Leben aber geht darüber hinaus.

Ein Strahl der Verklärung glitt über das Gesicht des Greises: Wir müssen in unserem Innern den Kampf von Licht und Dunkel, Gut und Böse bestehen und den Frieden der Seele gewinnen. Die Versuchung, alles für unsere Absichten und Zwecke zu wollen, ist immer da. Wir besitzen die Freiheit unseres Wollens erst dann, wenn wir auch entsagen wollen. Und uns ist die Freiheit gegeben, das Gute zu tun.

Die Macht des Menschen ist beschränkt, doch unbeschränkt ist die Macht der Liebe. Wo keine Hilfe mehr möglich, bleibt das mitfühlende Herz und die tröstende Hand. Der Pfarrer schwieg. Seine Worte bewegten mich tief. Wie ein Engel Gottes kam er mir vor, voller Herzensgüte zu allem Leben. Er wirkte in der Liebe Gottes. Und indem er selbst in Einfalt und Geduld in die Liebe Gottes hineinlebte, brachte er in den Menschen das heilende Gute in Bewegung. Wir können, sagte er einmal zu mir, das Leben nehmen, wie wir wollen, es ist immer ein Opfer. Und glücklich sind wir nur, wenn wir unser Leben jener alles umfassenden Liebe darbringen, die das Böse durch das Gute überwindet.

Das Beinhäuschen

Das Dorf T. liegt in einer Entfernung von ungefähr drei guten Wegstunden. Seit dem Dreissigjährigen Krieg ist es mehrmals abgebrannt und zerstört worden; aber ein fleissiger und zäher Bauernstand liess es immer wieder aus den Trümmern erstehen. In der gotischen Kirche, die gleichfalls durch die vielen Kriege in Mitleidenschaft gezogen und im Laufe der Jahre überbaut worden war, erhebt sich auf einem Seitenaltar ein altes, hölzernes Standbild des Heiligen Apollinaris. Die Verehrung dieses aus Ravenna gebürtigen Heiligen begann schon zur Zeit Karls des Grossen. Er gilt als Fürbitter eines guten Weinjahres.

Auf dem Gottesacker, der um die Kirche angelegt ist, steht ein von Holundergebüsch umrahmtes, kleines Beinhaus mit spitzem Schindeldach und einem Kreuz obendrauf. Dieses Kreuz muss, wenn es durch heftige Stürme schief, ja umgelegt worden ist, wieder festgemacht werden. Gegen Sonnenuntergang hat das Beinhäuschen ein grosses, vergittertes Fenster aus Butzenscheiben, durch welches die Schädelpyramide sichtbar ist. In einer weissgetünchten, kahlen Ecke liegt auf blossem Boden ein Haufen anderer menschlicher Gebeine. Manchmal wird versucht, die langen Röhrenknochen zu einem festen Aufbau zu schichten, aber sie rollen immer wieder herab, und zwischen ihnen kommen Rippen, Schulter- und Beckenstücke, Unterkiefer und kleinere Skeletteile hervor. Eine endgültige Ordnung will nicht gelingen. So scheint es, als seien alle diese Dinge nur flüchtig hingeworfen.

Auf dem äussern Fenstersims steht ein grosser, blauglasierter Steinkrug, der mit Blumen, je nach der Jahreszeit, gefüllt ist. Und dahinter glotzen immerfort die schwarzen Höhlen der Totenschädel, deren regelmässige Anordnung sich nicht verändert.

Zu Anfang des letzten grossen Krieges wurde der Name des Dorfes T. genannt, weil in seiner Nähe das erste Gefecht stattgefunden hat:

Es war im August, an einem strahlenden Morgen. Das Korn stand reif zum Schnitte. Von Osten her nahte eine Schwadron Ulanen, voran der Fähnrich mit der Standarte. Die Helme und Spitzen der Lanzen glänzten. Es waren lauter Jungen, für die der Krieg die Lust eines Morgenrittes bedeutete. Vor ihnen breitete sich ein weites, goldenes Ährenfeld aus, das bis zu einem dunklen Tann hinfloss. Die Reiter erhoben sich in den Steigbügeln und spähten aus.

Da – krachten vom Tann her die ersten Schüsse. Sie sollten eine Warnung sein, denn auf beiden Seiten war das Töten noch nicht zur Gewohnheit geworden. Die Pferde stampften und wieherten. Mit Blitzesschnelle breitete sich die Schwadron längs des Feldes aus. Der Fähnrich war der Erste, der mit hochgeschwungenem Säbel sein Ross zur Attacke spornte. Ihm folgten die andern mit eingelegten Lanzen und jauchzenden Rufen.

Jetzt schlug Salve auf Salve ins Feld. Die vorstürmenden Pferde, in Brust und Knie getroffen, überschlugen sich samt ihren Reitern. Die nachfolgenden bäumten sich auf, drehten sich auf den Hinterbeinen und stürzten, blutigen Schaum und furchtbare Schreie ausstossend, rücklings in die gelben Wogen. Ross und Reiter wälzten sich im Todeskampf. Strahlen roten Blutes ergossen sich über das Feld. Die Ulanen, welche nicht niedergestreckt, rissen die Karabiner von den Sätteln und schossen gegen das im

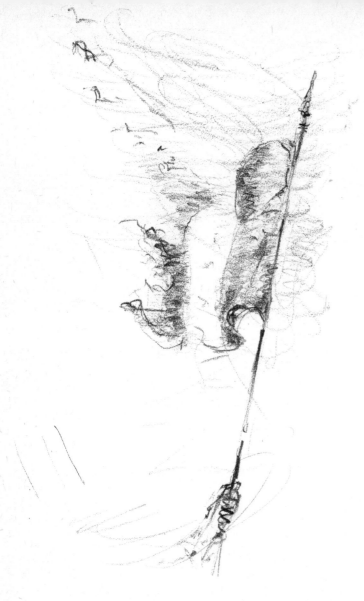

Bissen herunter. Und wie verstört sprach er vor sich hin: Die stolzen, dummen Jungen! Die prächtigen Pferde! Und das blutige Ährenfeld!

Das Gefecht bei T. war das einzige Kriegserlebnis in unserer Gegend. Die grossen Schlachten wurden weiter nordwärts ausgetragen. Wir hörten den Winter hindurch, wenn der Boden hartgefroren war, den Kanonendonner gleich einem dumpfen, unterirdischen Paukenschlagen. Dann kam der Friede. Der Todesritt der Ulanen verlor seine blutigen Streifen im Gedächtnis der Bevölkerung. Sie wurden, wie es bei dröhnenden Sonnenuntergängen geschieht, purpurn und versanken zuletzt ins Dunkel.

Die Alten starben, und es kamen, wie die hellen Triebe an den Tannen, die Kinder, welche nur noch vom Hörensagen wussten, was hier geschehen.

Auf dem Felde ist ein Kreuz errichtet. Korn wird dort nicht mehr gesät.

Im grauen, zerbröckelnden Gemäuer des Beinhäuschens mehren sich die Knochen. Mit einem leisen schiebenden Geräusch gleiten sie herab.

An einem leuchtenden Morgen, nach einer Gewitternacht, fuhr ich in den tiefen Herbst hinein. Den ganzen Vormittag war ich mit Krankenbesuchen beschäftigt. Und als letzter stand der alte, herzkranke Pfarrer des Dorfes T. auf meiner Liste. Ich hatte den Fuchs eingespannt, einen ausdauernden und raschen Traber. Seine Mähne flatterte wie Rauschgold.

Über die Felder flogen, dem alten Wandertriebe folgend, die Tauben in grossen Schwärmen. Ihre Flügel spiegelten und sirrten. Die ganze Landschaft und der Himmel waren trunken von Licht. Es schien, als ob die Erde ihre Elemente, Gold und Silber, Kupfer und Zinn, in einem Lichtzustande ausstrahlte. Und dieses geheimnisvoll gesteigerte Licht wurde von den Wolken aufgesogen und in neuen Siebungen und Mischungen zurückgestrahlt. Dazwischen schwammen die grünen Inseln des Äthers, von einem noch tieferen Lichte getränkt. Als die grossen Waldungen heranrückten, liess ich den Fuchs im Schritte gehen. Ein

Tann ununterbrochen aufblitzende Gewehrfeuer. Und wieder ging der Fähnrich, die Standarte hochhaltend, voran.

Die letzten Salven krachten. Die Standarte sank. Die vielen kleinen, runden Wölklein aus den Gewehrmündungen verzogen sich ins Dunkel des Tanns. Keiner war übriggeblieben. Zuvorderst lag mit zerschossener Brust der Fähnrich auf der blutigen Standarte. Einzelne Pferde versuchten noch, sich auf die Vorderbeine aufzurichten, fielen aber unter Wehgeschrei in die Ähren zurück.

Glühend heiss brannte die Sonne auf das Feld.

An jenem Morgen war mein Vater in den umliegenden Waldgebieten auf Krankenbesuch. Er raste in der Chaise herbei. Aber es gab nichts mehr zu helfen. Bleich kam er in der Nacht nach Hause. Er brachte keinen neues Wunder von Licht und Farbe begann: Die herbstliche Pracht und Wucht der Bäume wölbte sich über der Chaise, und der hindurchbrechende Kristall des Himmels glitzerte im Rostbraun der Blätter. Die Räder rauschten durch die Flut der herabgefallenen Blätter, und gedämpft hallten die Hufschläge.

Je weiter ich in das Gewölbe des Waldes hineinfuhr, um so mehr nahm das Goldbraun der Eichen, das Rot der Buchen und das Violett der Sträucher an ständig wechselnder Buntheit und Tiefe zu. Von Zeit zu Zeit ging ein Schauern durch die Bäume, dem ein stossweises Herabschütteln der Blätter folgte. Unter pausenlosem, raschelndem Geflimmer fielen die Scharen der Blätter herab. Bald war der Boden der Chaise von Blättern bedeckt.

Ich gedachte bei ihrem Fallen des Grossvaters, des Vaters, die vor mir diese Wege zu ihren Kranken gefahren, und eine Stimme frug in mir: Wo sind sie hin? Und der Vers eines alten Sängers kam mir in den Sinn: Gleich wie Blätter im Walde, so sind die Geschlechter der Menschen ...

Während ich so, in Gedanken versunken, immer tiefer in den Wald hineinfuhr, hielt der Fuchs plötzlich an. Eine schwarzgekleidete Frauengestalt stand neben dem Trittbrett.

Der Fuchs war ein kluges Tier, denn er liess nur Leute einsteigen, die es nötig hatten. Wegen eines Bauern oder Waldarbeiters, welche, Geräte auf sich tragend, einen kurzen Weg zur Arbeit oder in ihr Dorf zurückzulegen hatten, hielt er nie an. Ich

konnte mich auf den Fuchs verlassen, und so glaubte ich auch diesmal, dass er das Richtige getroffen.

Die Frau schien von weither gekommen zu sein. Sie trug dicksohlige Schuhe, welche, wie auch der Saum ihres schwarzen Gewandes, staubig und feucht waren. Vielleicht ersah der Fuchs an ihrem müden Gang, dass eine Einladung angebracht war. Ich rückte nach der linken Sitzseite hinüber und hiess sie einsteigen. Als sie auf das Trittbrett trat, hörte ich ein leises Ächzen der Chaise.

Um den Kopf hatte die Frau ein schwarzes Tuch geschlungen. Ihr Gesicht konnte ich nur kurz erblicken. So viel ich sah, liess es auf eine alte Bäuerin schliessen. Es war gefurcht und runzlig wie eine lang gelagerte Kartoffel. Ihre Augen hatte ich, da die Alte beim Einsteigen den Kopf nach unten geneigt hielt, nicht gesehen. Ich vermutete, dass sie eine Gevatterin sei, die auf Besuch gehe. Und da sie ganz in Schwarz gekleidet war, schloss ich, sie trage Leid. Den schwarzen Henkelkorb stellte sie zu ihren Füssen nieder und den schwarzen Schirm neben sich. Dann faltete sie über dem schwarzen Fürtuch ihre Hände. Diese mussten viel gearbeitet haben. Sie glichen knorrigem Wurzelwerk.

Der Fuchs, dem die Augen und Ohren, wie es bei edlen Pferden der Fall ist, nahe zueinandergerückt, stand währenddessen ruhig da, blickte und hörte aufmerksam hinter sich. Ich schnalzte leise mit der Zunge, und die Chaise rauschte durch die Blätter. Der Kummet hob und senkte sich im Takt.

Ich versuchte, mit der Alten, die bis anhin kein Wort des Dankes oder des Grusses gesprochen hatte, in ein Gespräch zu kommen. Wohin des Wegs, Mutter? fing ich an. Sie schien es nicht zu hören. Mit gesenktem Kopf sass sie neben mir und rührte sich nicht. Ich dachte, dass sie vielleicht das Tuch zu fest um die Ohren gebunden. Oder raschelten die Blätter zu laut?

Aus dem Unterholz flog der Eichelhäher auf und meldete dem Wald mit spöttischem Gelächter unser Kommen.

Ich frug noch einmal mit verstärkter Stimme, aber wiederum erfolgte keine Antwort. Die geschlossenen Hände lagen ruhig auf ihrem Schoss. Hatte sie wohl Werg in die Ohren gestopft?

Ich machte mit dem Leitseil allerlei Hantierungen, um ihre Aufmerksamkeit zu erregen. Sie schien es nicht zu beachten und blieb stumm. Als mir die Sache etwas ungemütlich wurde, stiess ich sie leicht mit dem Ellbogen an.

Darauf drehte sie den Kopf ein wenig zu mir, so dass die Spitzen von Nase und Kinn aus dem Kopftuch hervorragten. Aber sie sagte kein Wort. Ich dachte: Da sitzt sie in meiner Chaise und regt sich nicht! Und schliesslich ist es doch mein gutes Recht, zu wissen, mit wem ich es zu tun habe!

Ich räusperte mich und frug, die Geduld verlierend, mit überlauter Stimme, wohin sie wolle? Selbst der trabende Fuchs legte die Ohren zurück.

Endlich erhob die Alte den rechten Zeigefinger, fuhr mehrmals in Richtung ihres Mundes, der hinter dem Kopftuch verborgen war und streckte ihn dann nach vorn. Das war alles.

Dieser Zeichensprache musste ich entnehmen, dass die Fremde stumm sei. Und so oft ich wieder versuchte, mich mit ihr zu verständigen, blieb eine Antwort aus. Es begann mich auch zu wundern, was sie in ihrem Korb hätte, und ich stiess, wie aus Versehen, mit dem Fuss daran. Aber der Deckel hielt fest, und die Alte ging auf meine Machenschaften nicht ein. Mit gefalteten Händen sass sie neben mir.

Der Wald wurde finsterer. Keine Lichtung tat sich auf. Die Winde fielen in die Kronen der Bäume, und der Blätterfall ging in ein Gestöber über. Allerlei beängstigende Gedanken stiegen in mir auf: Ist es gar der Tod, der neben mir Platz genommen? – Ich schaute nach dem Kopftuch. Die Spitzen von Nase und Kinn kamen mir wächsern vor. Und als der unheimliche Fahrgast eine Bewegung machte, glaubte ich das Knacken des Skelettes zu hören. Es lief mir kalt den Rücken hinunter. Ich rückte an die Seitenwand der Chaise ab. Meine Gedanken wurden schwerer, und die dunkle Melodei klang in mir auf: Media vita in morte ...

Die Blätter sanken wie Totenbeinchen herab. Ob meine Zeit abgelaufen? Der Wald machte ein knöchernes Geräusch. Ich erforschte rasch mein Gewissen, holte tief Atem und griff nach dem Puls. Das Herz begann mir gegen den Hals hinaufzuklopfen. Dann versuchte ich, diese trübe Stimmung durch ein Stossgebet, wie es mich die Grossmutter lehrte, zu überwinden. Das wäre ja eine schöne Geschichte, wenn mich jetzt schon der Tod holte! Was würden meine vielen Kranken dazu sagen? Und der Pfarrer, zu dem ich unterwegs bin?

Doch die Alte regte sich nicht. Und auch der Tod versuchte nicht, seine dunklen Karten in das lichte Spiel des Lebens einzuwerfen. Nur die Blätter fielen auf das schwarze Kopftuch, drehten und wendeten sich, glitten herab und füllten den Raum zwischen mir und der Alten. Auch der Korb war von Blättern überdeckt.

Die Chaise schaukelte. Wir kamen in einen verrufenen Waldteil, in welchem zu früheren Zeiten eine Räuberbande ihr Unwesen getrieben hatte. Und während die Chaise hin und her schüttelte, wachten alte Erinnerungen auf. Da wandelte mich der schauerliche Gedanke an, dass ein gefährlicher Räuber in der Tracht einer Alten neben mir Platz genommen. Damals hatten sich ja die Räuber als Frauen verkleidet. Ich schaute nach dem Kopftuch, und wahrhaftig, die Spitzen von Nase und Kinn waren rot. Jetzt lief es mir heiss den Rücken hinunter. Was ist wohl im Korb? Mordwaffen, Dolche und Pistolen? Der Grossvater hatte mir erzählt, dass er zu jener Zeit in der Chaise stets zwei geladene, doppelläufige Pistolen und einen Säbel zu seiner Verteidigung mitgeführt habe. Ich hatte nichts dergleichen bei mir. Mich schauderte.

Ich riss meine Knochen zusammen und stieg, so schnell ich konnte, aus der fahrenden Chaise. Der Fuchs ging im Schritt, da der Weg anstieg. Ich hielt mich neben dem Kopf des Pferdes und begann, von Zeit zu Zeit in die Chaise zurückschauend, dem Tier die Leviten zu lesen: Hör, Fuchs, dass du mir in Zukunft nicht mehr wildfremde Menschen, mir nichts, dir nichts, einsteigen lässest, sonst muss ich noch die Peitsche mitnehmen. Sticht dich der Haber? Das sind üble Gewohnheiten, die böse Folgen haben könnten. Die Menschen sind ein arglistiges Geschlecht, und am schlimmsten sind sie gegen ihresgleichen.

Der Fuchs kaute die Kandare, von welcher der Schaum in weissen Flöckchen spritzte. Ich schaute zurück. Die schwarze Alte sass in unveränderter Haltung in der Chaise, nur den Kopf dem Korbe etwas näher. Der Fuchs hob und senkte die Mähne. Meine Gedanken überstürzten sich. Das war ja der Wald, wo die Räuber ihre Höhlen hatten. In allen Ländern sollen Krieg und Unruhe gewesen sein, und in den Wäldern taten sich entlaufene Soldaten, Mord-

brenner und anderes lichtscheues Gesindel zusammen. Ein Räuberhauptmann mit einem wilden, bärtigen Gesicht führte sie an. Er war ein verkommener Student, dem im Krieg das eine Bein abgeschossen wurde. Sie hiessen ihn Stelzfuss. Die Wege waren nicht mehr sicher, und wer sich auf ihnen zeigte, wurde ausgeraubt und gar totgeschlagen. Nachts drangen die Räuber in die Dörfer ein und stahlen, was sie konnten. Dem Pfarrer in unserm Dorfe holten sie Schinken und Würste aus dem Rauchfang, liessen aus dem Keller das Fässchen voll Sauerkraut mitlaufen und schrieben mit Kreide an die Tür: Wer auf Gott vertraut, braucht kein Sauerkraut. In einer stockfinstern Nacht machten sie einen Überfall auf das Schlösschen. Sie holten den Herrn aus dem Bett, und der Stelzfuss trampelte ihm auf die Zehen. Und als der Schlossherr immer noch nicht herausrücken wollte, wo der Schatz verborgen, hielt ihm der Spitzbube eine brennende Kerze unter den Bart, bis dieser zu brenzeln anfing. So bekamen sie es heraus. Der Schlossherr, ein alter Geizhals, fiel, als er seine harten Taler und Golddukaten in die Taschen der Räuber verschwinden sah, entseelt zu Boden. Daraufhin rotteten sich die Bauern zusammen, umstellten den Wald und schlugen und schossen mit Donnerbüchsen, Schiessprügeln und anderem Gewehr die ganze Diebsbande, als sie sich an einem Schmause gütlich tat, nieder. Der Stelzfuss suchte zu entweichen, wurde aber bald – hier an der Wegböschung! – umzingelt. In jeder Hand hielt er eine Pistole: Doch als er abdrückte, gingen die Schüsse nicht los, weil der Wind das Pulver von der Pfanne weggeblasen hatte. Er zog den langen Säbel und warf sich in Positur. Ein baumstarker Bauer, der von der Fechtkunst nichts verstand, schlug mit dem Dreschflegel dermassen zu, dass dem Räuberhauptmann der Hirnkasten auseinander krachte und zugleich der Stelzfuss in die Erde eingerammt wurde. Einen Augenblick baumelte dieser an seiner eigenen Stelze. Es drehte ihn um. Und krach! brach die Stelze ab, und er kollerte auf den Weg hinunter.

Neben dem Fuchse schreitend, hob ich unwillkürlich den Fuss höher, als ob die Leiche dahergerollt käme, und ich hielt mich am Kummet fest. Aber es war nur ein Gewühl von Blättern, durch das meine Füsse rauschten.

Ich schaute zurück. Der verkappte Räuber hockte ruhig auf seinem Platz. Und weiter ging's. Endlich zeigte sich oben die Lichtung, und nach wenigen Minuten waren wir auf einer Waldwiese angelangt.

Ich hielt das Pferd an, um es verschnaufen zu lassen. Auch mich hatte die abenteuerliche Fahrt hergenommen.

Ich trat etwas abseits und spähte in die Chaise. Vor meinen Augen begann es zu flimmern. – Ist es ein Nachwirken des Blätterfalls? Nein! Der Atem stockte mir. Der Korb war geöffnet. Die Schwarze entnahm ihm ein Messer – ein riesengrosses.

Im ersten Schreck vermochte ich mich nicht zu rühren. Ich sah den blanken Tod vor Augen. Dann schaute ich mich um, und als ich neben mir im Gras einen dicken Prügel liegen sah, atmete ich erleichtert auf.

Mit dem Fusse schob ich, das Messer im Auge behaltend, diesen näher zu mir heran. Die Fremde griff wieder in den Korb. Gespannt verfolgte ich ihre Bewegungen. – Jetzt kommt die Pistole! Und schon hörte ich den Hahn knacken und die Kugel an meinem Ohr vorbeipfeifen.

Da kam ein halber Laib Brot hervor. Die Alte legte ihn auf ihre Knie, schnitt mit dem Messer ein grosses Stück ab und streckte es mir entgegen. Das Messer war jetzt auf einmal nicht mehr so lang, wie es mir vorher erschienen; auch war es nicht spitz, sondern vorn abgerundet – ein gewöhnliches Tischmesser.

Ich näherte mich der Chaise und nahm das Stück entgegen, indem ich der Spenderin dankend zunickte. Es war ein würziges Stück Brot, wie es die Bauern in den Lehmöfen backten, eine herrliche Gabe der nahrungsprossenden Erde. Der Fuchs bekam wie gewohnt seinen Teil. Auch die Alte begann zu essen. Ich betrachtete ihr Gesicht genauer: Ein tiefer Ernst lag auf seinen Furchen, und die Augen waren von Trauer überschattet.

Alle Angst verschwand. Die Wiese war von einem Blaugrün überhaucht, die Ränder des Waldes von Ockergelb, und am blauen Himmel schwebte eine kleine blendendweisse Wolke, von Hellgold umrahmt. Alles war auf einmal heiter. Von den Bäumen fielen gleitenden Fluges die Blätter. Und ich sah erst jetzt, dass um meine Füsse die bläulichroten Kelche der Herbstzeitlosen emporragten: eine Asphodeloswiese, und die schwarze Alte in der Chaise, – Demeter, die Trauernde.

Ich stieg wieder ein. Aus dem offenen Korb lachten einige rotbackige Äpfel, von denen mir die Alte einen reichte. Sie tat das Messer in den Korb, und als ich nochmals in diesen hineinschaute, sah ich unter den Äpfeln ein Kleidungsstück von verblasster blauer Farbe, auf dem eine Reihe Metallknöpfe sass. Sie klappte den Deckel wieder zu.

Während all dem kam kein Wort von ihren Lippen, und erneut wurde mir klar, dass die Frau von Stummheit befallen sei. Ich drängte deshalb auch nicht mehr auf ein Gespräch, sondern sass, ob meiner Furchtsamkeit beschämt, gleichfalls schweigend neben ihr. Und ich sagte zu mir: Du bist ein schöner Ritter, Tod und Teufel! Da muss ja der Fuchs lachen!

Nachdem wir so das Brot des Friedens und den Apfel der Eintracht gegessen, fuhren wir weiter. Die Frau umfasste mit beiden Händen den Griff des Schirmes, den sie aufgenommen. Das Kopftuch hatte sich ein wenig nach hinten verschoben. Ihre Lippen bewegten sich fortwährend. Sie schien zu beten.

Ein lichtes Gehölz nahm uns auf. Der Fall der Blätter hatte aufgehört, und nur noch vereinzelt tanzten sie über uns hin.

Nach kurzer Zeit kamen wir aus dem Walde heraus. Der Weg mündete in die Heeresstrasse ein. In der Ferne zeigte sich der Kirchturm des Dorfes T. Der dunkle Tann nahte. Auf den Äckern waren die Bauern mit Pflügen und Eggen beschäftigt. Als wir dem Felde zufuhren, auf dem das

Gefecht stattgefunden, berührte die Alte meinen Arm zum Zeichen, dass sie auszusteigen wünschte. Es war mir unbegreiflich, warum sie gerade hier, wo weit und breit kein Haus stand, mein Gefährt verlassen wollte.

Ich hielt an und war ihr beim Aussteigen behilflich. Sie nickte und reichte mir die Hand. Ich fasste diese und schaute nach ihren Augen. Sie waren offen: Rotumränderte Höhlen des Schmerzes, aus deren Tiefen die Sterne glommen, in denen sich die Ewigkeit widerzuspiegeln schien. Ich senkte meinen Blick.

Die Chaise rollte weiter, und die Alte blieb stehen. Die Strasse bog um den Tann. Ich liess den Fuchs halten, stieg aus und ging zwischen den Bäumen hindurch, bis ich auf das Feld hinaussehen konnte. Die Luft war von harzigem Wohlgeruch erfüllt, und der Boden des Tanns fedrig und weich.

Die schwarze Gestalt schritt dem Kreuze zu. Dort angekommen, steckte sie den Schirm in die Erde, stellte den Korb daneben und entnahm ihm das Kleidungsstück, welches ich darin gesehen hatte. Sie breitete es vor dem Kreuze aus und kniete darauf nieder, die Hände gefaltet und den Kopf vornübergeneigt. In dieser Stellung verharrte sie unbeweglich.

Ich stand neben alten, hohen Fichtenstämmen, deren Rinde violett schimmerte. Von hier waren einst die Gewehre gegen die anstürmenden Reiter losgegangen. Der Wind säuselte durch die Nadeln des Tanns. Lange schaute ich zu der Betenden hinüber. Die

Bauern, welche auf den nahen Feldern arbeiteten, zogen ihre Mützen und knieten nieder. Eine unsichtbare Macht zwang auch mich, die Knie zu beugen.

Als ich wieder zur Chaise zurückkam, fand ich den Fuchs mit gesenktem Kopf, als nähme auch er an der Totenklage teil. Des alten Sängers Worte von den klagenden Rossen sah ich lebendig vor mir: Bis auf den Boden hingen die Mähnen herab, und brennende Tränen rannen aus ihren Augen. Der greise Pfarrer sass im Garten auf einer Holzbank. Über ihm wölbte sich ein mächtiger Holunder, in dessen dunklem, domartigen Innern die Spatzen lärmten.

Der Pfarrer dankte mir für die guten Heiltränke. Ich war erfreut über deren rasche Wirkung. Ja, sagte der Pfarrer, so ein Heiltrank kann Wunder tun. Und er verglich ihn mit einer gewissenhaft vorbereiteten Predigt.

Er ist ein Kunstwerk der Natur, erwiderte ich, eine Quintessenz der Arznei und wie jedes Kunstwerk ein Wunder, das den Arzt mit einer freudvollen Ahnung des Vollkommenen erfüllt. Ich musste ihm die verschiedenen Pflanzen und Stoffe nennen, mit denen ich meine Heiltränke zubereitete. Und ich beschrieb ihm auch die entsprechenden Wirkungen.

Darauf kommt es an, fiel mir der Geistliche ins Wort, so sei es auch beim Predigen: Erst müsse tüchtig purgiert, dann aber animiert werden, bis die Schwarten krachen. Er habe es immer so gehalten, und seine Bauern hätten ihn am besten verstanden, wenn er alle Register gezogen. Auf meinen Flaschen stehe ja auch, dass man sie vor Gebrauch umschütteln müsse. Vor jeder Predigt sei er hart mit sich zu Rate gegangen. Predigen sei ein Geschäft wie das Rigolen, bei dem der Pflug nicht tief genug in die Erde gedrückt werden könne. Ja, der Pflug müsse sogar mit Steinen beschwert werden. Dann aber Mist ins Erdreich hinein! Je mehr, desto besser! Das gibt eine fette Ernte! Und der Pfarrer schüttelte sein ehrwürdiges Haupt mit der Silbermähne.

Mein Vater hatte mir erzählt, dass er es sonntags, wenn immer möglich, eingerichtet habe, das Wort Gottes beim Pfarrer von T. zu holen. Mit seinen feurigen Augen wäre er ihm fast wie der Kriegsgott Jehovah vorgekommen, der durch den Donner des Wortes sein Dasein verkündete. Von der Kanzel hätte er herabgedonnert, dass die Eulen und Fledermäuse im Dachstuhl aufscheuchten. Ja, die Hölle hätte er den Andächtigen heiss gemacht!

Der Pfarrer lächelte, als ich ihm dies erzählte. Jetzt, sagte er, wo das Herz nicht mehr so recht mitwolle, sei er milder geworden. All unser Reden soll zu Lobgesang werden. Dem Brausen und Zürnen folge das Wehen einer sanften Stille, in der sich die wirkliche Liebesgegenwart Gottes offenbart. Das sei eine letzte Ernte: Das milde Brot, wie es der Heiland gebrochen. Die warmen Sonnenstrahlen hatten die Wangen des Greises gerötet, und silbern glänzte sein Scheitel. Der Lärm der Spatzen über uns störte mich. Ich erhob mich von der Bank, und meine Augen suchten nach einem Stein, um sie zu vertreiben. Der Pfarrer erriet meine Absicht und sagte: Lasst sie! Der Holunder galt von jeher als ein Baum des Lebens. Alles Leben ist unruhig und geschwätzig. Die Spatzen versammeln sich hier alljährlich nach ihren Strichen ums Dorf, und sie haben sich manches zu berichten.

Bei diesen Worten umspielte ein Lächeln die Lippen des Pfarrers. Die Herbstsonne schien auf uns nieder und tauchte den Pfarrer, den Lebensbaum, dessen Blätter schon zu vergilben anfingen, und den angrenzenden Gottesacker in ein klares Licht. Nun erzählte ich ihm meine Begegnung mit der Stummen. Er wiegte sein Haupt und lud mich ein, wieder neben ihm Platz zu nehmen.

Und er begann mit bewegter Stimme: Am Tage nach jenem Gefecht begruben wir die gefallenen Ulanen in ihren Reitermänteln auf userm Gottesacker. Wir hängten die Waffenröcke im Beinhäuschen auf. Die toten Rosse wurden in ein Massengrab geschleppt. Unsere ganze Bevölkerung, auch die Buben, von den grössten bis zu den kleinsten, häuften die Erde auf.

Tags darauf – es war die Zeit des ersten Kornschnittes – zogen wir in der Morgenfrühe schweigend zu dem blutigen Felde hinaus. Statt der Sensen und Sicheln hielten die Bauern brennende Fackeln in den Händen. Alle trugen, wie es bei uns Erntebrauch, reine Kleider. Sie legten an verschiedenen Stellen des zerstampften Feldes Brände.

Als die ersten Flammen aufloderten, knieten wir nieder. Eine frische Morgenbise fachte eine ungeheure Lohe an, die zum Himmel stieg.

Mit zitternder Stimme schrie ich die Bitte des Vaterunsers auf das brennende Feld hinaus: Dein Wille geschehe, sowohl im Himmel als auch auf Erden. Und als ich an die vierte kam: Gib uns heute unser ... – konnte ich nicht weiter. Es hatte mir die Sprache verschlagen. Die schwarzen Rauchfahnen schlugen über den Tann. Die Knienden schluchzten. Ich brauchte lange, bis ich wieder gesammelt war und das heilige Gebet zu Ende sprechen konnte. Der Schnitter Tod schwang, von dunklem Gewölk umhüllt, die glühende Sense. Wir beteten, bis die rote Glut die blutdurchtränkten Ährenwogen verzehrt hatte und nur noch eine schwarze Fläche vor uns lag.

Der Pfarrer hielt inne und schaute vor sich hin. Es war still um uns. Der Lärm der Spatzen im Holunder hatte aufgehört. Die Sonne verströmte ihr mildes, weisses Licht. Die Luft war von kristallener Reine. Vom Kupfer des Kirchdaches sprühten rötliche Lichtbüschel. Ich schlug die geblendeten Augen nieder.

Nach einer Weile fuhr der Gottesmann fort: Einige Wochen waren vergangen. Als ich in der Frühe eines Werktages die Kirche verliess, kam eine Frau hinter mir her. Sie trug ein graues Kleid, und am linken Arm hatte sie einen Korb hängen. Ihr Angesicht war blass, und die Augen sahen müde aus. Den Kopf hatte sie mit einem grauen Tuch umwunden, unter dem die hellen Haare hervorquollen. Die feuchten und staubigen Schuhe verrieten mir, dass sie die Nacht hindurch gewandert sein musste.

Ich führte sie ins Pfarrhaus, wo ich Brot und Milch mit ihr teilte. Sie ass einige wenige Brocken, aber jeder Bissen schien sie zu würgen. Auf meine Frage, was sie herführe, nannte sie mir einen mehrere Tagereisen entfernten Ort, von wo sie zu Fuss, trotz der Kriegswirren, gekommen. Ihr einziger Sohn, welcher dereinst den Bauernhof übernehmen sollte, sei mit den Ulanenregimentern eingerückt, und sie habe gehört, dass hier ein erstes Gefecht stattgefunden. – Eine bange Ahnung stieg in mir auf. – Sie habe bis jetzt von ihrem Sohn noch keine Nachricht erhalten und wisse nicht, auf welchem Kriegsschauplatz seine Schwadron stehe.

Mit schonenden Worten erzählte ich, was sich bei uns zugetragen. Sie bat mich, sie zu den Gräbern der Gefallenen zu führen. Als sie vor der langen Reihe der Grabhügel stand, in denen die namenlosen Kreuze staken, durchlief ein Beben ihren Körper. Ich konnte ihr die Namen der Begrabenen nicht nennen, da die Erkennungsmarken und das Verzeichnis im Gemeindehaus lagen. Beim Verlassen des Gottesackers kamen wir am Beinhäuschen vorbei, dessen Türe offen stand. Die Frau warf einen Blick hinein und gewahrte die Uniformen. Sie eilte in den von der Morgensonne erhellten Raum. Ich folgte ihr. Hastig begann sie, Stück für Stück zu durchsuchen.

Der Pfarrer seufzte tief auf und erzählte weiter: Der Schmerz hat mir das Herz zusammengeschnürt, als ich sah, wie die Frau einen Waffenrock hervorzog, an welchem die Fähnrichsschärpe hing. Das angetrocknete Blut war noch zu sehen. Sie hielt den Rock gegen das Licht. Er war durchlöchert. Dann riss sie das Futter auf und fuhr mit der Hand hinein. Dies geschah in wenigen Augenblicken.

Und als ich, meinen Schmerz zu verbergen, mich kurz abwandte, hörte ich einen leisen Schrei. Ich drehte mich um. Die Frau stand totenbleich da, ein silbernes Kreuzlein in der Hand haltend. Der Rock lag zu ihren Füssen. Über ihr Gesicht ging ein Zucken. Sie presste das Schmerzenszeichen an die blutleeren Lippen. Ihre Augen wurden gläsern, und sie sank auf dem Waffenrock in die Knie.

Ich hielt sie, so gut ich konnte, denn auch ich war wie gelähmt.

Nachdem eine geraume Zeit verflossen, hob ich sie sanft in den Armen empor. Mit geöffnetem Mund und geschlossenen Augen blieb sie vor mir stehen. Sie versuchte zu sprechen, aber kein Wort kam heraus. Ich war ratlos.

Dann bat ich sie, ins Pfarrhaus zu kommen. Mit einer Handbewegung lehnte sie ab. Hier, auf dieser Bank, sass sie lange. Der Holunder war damals ein kleiner Strauch. Ich brachte frisches Wasser und benetzte ihr die Stirne. Darauf liess ich sie allein, in der Erwartung, dass sie sich zu fassen vermöchte.

Als ich wieder zu ihr kam, war sie aufgestanden und machte Zeichen, dass sie fortgehen wollte. Sie brachte noch immer kein Wort hervor. Mit der linken Hand hielt sie das Kreuzlein fest umschlossen. Ich legte den Waffenrock ihres Sohnes in den Korb. Zum Abschied drückte sie ihre stummen Lippen auf meine Hand, nahm den Korb auf und kehrte sich schweigend um. Ich sah ihr nach, bis ich sie aus den Augen verlor.

Nachdem der Krieg vorüber war, kam sie wieder. Und sie ist seitdem Jahr für Jahr, wenn das Emd eingebracht, wiedergekommen. Die Jahre sind verstrichen. Wir beide sind alt geworden. Und sie kommt immer noch.

Die Leute kennen die Stumme. Sie bleibt eine Nacht im Dorf. Freudig öffnet ihr jedes Haus die Tür. Mit heiliger Scheu begegnen ihr alle.

Der Pfarrer hatte seine Erzählung beendigt. Ich sagte etwas voreilig: Sie ist also wahnsinnig. Mit mildem Ernst schaute mich der Pfarrer an und antwortete: Ihr könnt es so nennen. In den vielen Jahren, da sie wiederkam, habe ich an ihr nichts Aussergewöhnliches als ihr unablässiges Beten wahrgenommen. Sie ist eine der zahllosen ungenannten Mütter, die ihre Kinder im Kriege verloren. Sie betet, wie es der Völkerapostel lehrte, ohne Unterlass. Ihre stumme Botschaft kommt aus dem Geheimnis Gottes. In ihrem innern Gebet ist das verlorene Kind wieder auferstanden. Da, wo die Erde sein Blut aufsog, streut sie die Saat der Liebe aus. Sie betet für die ganze Menschheit, für die Toten und für die Lebendigen. Sie betet auch für jene, die das Beten verloren haben. Ihr Kommen ist ein Opfergang, – eine Hoffnung auf das Reich Gottes.

Vor Gott genügt auch nur ein Ach und ein Oh. Wir wissen nicht, so steht geschrieben, was wir beten sollen, wie sich's gebührt; aber der Geist selbst vertritt uns auf's beste mit unaussprechlichem Seufzer.

Gott ist ein unaussprechlicher Seufzer, im Grunde der Seelen gelegen.

Die Stumme steht im Schweigen Gottes – ein Mahnmal in unserer geschwätzigen Zeit. Jedes Gebet ist eine Besänftigung des Bösen in der Welt. Das Gebet ist es, was uns allen not tut. In seiner tiefsten und letzten Not ringt der Mensch seine Hände zu einem stummen Gebet.

Nach diesen Worten erhob sich der greise Priester. Ich begleitete ihn zum Pfarrhaus. Schweigend fasste ich seine Hand.

Ich ging durch den Garten zurück, am Holunderbaum vorbei, wo die Spatzen wieder lärmten. Ein hölzernes Gattertürchen führte auf den Gottesacker. Als ich es aufklinkte, gaben die rostigen Angeln einen seufzenden Ton. Vor den Butzenscheiben des Beinhäuschens stand ein Strauss Reseden im Krug. Die rötlichen Sonnenstrahlen fielen auf das Fenster. Ein Scheibchen fehlte. Ich schaute durch die bleiumrahmte Öffnung hinein.

Das Innere des Beinhäuschens war von Licht erfüllt. Bis in die dunklen Höhlen der Schädel hatte sich das Licht eingesponnen. Der Knochenhaufen in der Ecke war grösser geworden. Ich hörte ein leises, gleitendes Geräusch, und bevor ich richtig erschrecken konnte, sah ich auf einem Unterkiefer ein Mäuschen sitzen. Ob es wohl an dieser Stätte des Todes etwas zu knabbern suchte?›

Mit den rosigen Pfötchen machte es allerlei drollige Gebärden um die Ohren und Nasenspitze, wischte über die Äuglein, die wie schwarze Stecknadelköpfe glänzten. Sein langes Schwänzchen hatte es zu einem Fragezeichen aufgestellt – über einem grauenvollen, rätselhaften Geschehen. Dann hüpfte es auf dem Haufen herum, verschwand hinter einem Schulterblatt und kam bald wieder aus einem zerbrochenen Röhrenknochen hervor.

Durch dieses stumme Spiel gerieten einzelne Knochenteile in Bewegung und glitten durcheinander. Stäubchen wirbelten empor, die in den Lichtstrahlen eine kurze Weile aufleuchteten – als spiegle sich in ihnen die Ewigkeit. Und erloschen sanken sie wieder auf den Knochenhaufen herab.

Auf der Napoleonstrasse

Ich war auf die hohe Chaussee gekommen. Riesige Platanen säumten sie. Die Runenschrift auf ihrer rostgrauen Rinde glänzte wie von Metallschilden. Der Wind rüttelte in ihrem Geäst und wirbelte die langstieligen, gezackten Blätter hinaus. Scharen von Raben kreisten in den Lüften. Der Himmel war stahlgrau, gen Westen von fahlem Licht durchbrochen.

Die Herbstnebel überraschten mich. Sie wallten zwischen die Stämme hinein und verhüllten die Strasse. In wenigen Augenblicken war ich in ein graues Gewoge versunken: Ein Ringelspiel von langen, grauen Schleifen und Schleppen. Ich drehte mich um und wusste nicht mehr, wo ich war. Und ich tappte im Gebrodel herum, bald hierhin, bald dorthin mich wendend, und kam wieder dahin, wo ich vorher gewesen zu sein glaubte. Ich hatte mich im Kreise bewegt. Es war überall das gleiche Grau und doch wieder anders als vorher. Ein trüber Dampf quirlte um mich. Nirgends ein Durchblick. Der Boden unter meinen Füssen war verschwunden.

Ich stapfte weiter durch die feuchten, lautlosen Ballen, irrte rückwärts, drehte mich wieder um und wähnte, ich ginge vorwärts. Über dem bankförmig sich türmenden Nebel sah ich die Strasse aufwärtsklimmen. Ich beeilte mich, hinaufzukommen, tauchte wieder in den Schwaden unter, und endlich hatte ich doch die Anhöhe erreicht und wusste nicht wie.

Ein Lichtstrahl fiel durch die Nebelwände und schob sie für einen Augenblick auseinander. Ich suchte erneut nach einem Ausgang in Richtung auf die Platanen, die sich wie Riesen mit feuchten Gewändern und langen Haaren vor mir erhoben.

Da – plötzlich stand zwischen den Stämmen ein Reiter vor mir, von einem dampfenden Hof aus Licht und Nebel umgeben. Das Pferd, ein Schimmel, hatte wie im Schreck Hals und Kopf aufgebogen und die Vorderbeine gespreizt. Mähne und Schweif wallten empor. Aus seinen aufgerissenen Nüstern stob der Atem stossweise. Sein Leib bebte, als wäre eine Kanonenkugel vorbeigepfiffen. Der Reiter, in starrer Haltung, den schwarzen Zweispitz ins Gesicht gedrückt, hielt mit der Linken die Zügel straff angezogen. Die Rechte hatte er in den grauen Mantel gestossen.

Ich stand wie gebannt. Dann fuhr ich mir mit der Hand über die Augen. Und als ich wieder hinsah, waren Ross und Reiter vom Nebel verschlungen.

Mich schauderte, und ich tastete mit dem Stabe weiter. Ich schaute noch einmal zurück, doch es zeigte sich nichts mehr. Der Nebel hatte mir seine Kappe über die Ohren gezogen. Ein Grauen war in meine Seele gestiegen.

Das war er, der noch unsere Väter in ihren Träumen aufschrecken liess, und von dem sie erzählten, dass er zum Heil der Menschheit gerufen, dann aber dem Bösen verfal-

len sei und jetzt ruhelos auf allen Strassen, die er einst durchzogen, wieder erscheinen müsse, mit der Rechten nach dem versteinten Herzen greifend.

Wie im Traum wandelte ich dahin. Alles war in dicken Nebel eingepackt. Da stiess ich gegen einen Meilenstein und merkte, dass ich mich auf der alten Heeresstrasse befand. Ich stapfte weiter.

Die Nebel wurden dichter und feuchter. Das Licht erlosch. Ein graues Rieseln begann. Die Massen kamen in Bewegung, und grau in grau schoben die Schwaden von hinten und von vorn auf mich zu. Ich stiess mich durch. Es bildeten sich graue Bogen, die aus der düstern Nebelnacht aufstiegen.

Da stürmte es in Kolonnen vorbei. Zerfetzte Fahnen flatterten im Wind. Spitzen von Bajonetten blitzten auf. Das waren die toten Grenadiere! Die grauen Bärte in Rauch und Qualm gehüllt! Erst truppweise, dann in geschlossenen Formationen, und hinterher einzelne, sich gegenseitig stützend und schiebend. Und mitten in dieser finstern Heeressäule des Todes sah ich einen Schatten schreiten, die Trompete an die Lippen gesetzt. Er blies und blies. Wie die Toten, blieb auch die Trompete stumm. Regimenter auf Regimenter von Toten marschierten vorbei, von stummen Trommeln angeführt.

Ich setzte mich auf einen Wegstein und wartete. – Allmählich sickerte das Licht durch die Nebelschichten. Der Nebel verschluckte sich selbst. Die grauen Massen lösten sich auf und verschwanden fetzenweise den Wäldern zu.

Und die Sonne schien wieder! Ein Dörfchen erhob sich im Grünen. Die fränkischen Riegelbauten und die geflochtenen Miststöcke davor standen in Reihe die Gasse hinauf, und darüber der Kirchturm mit dem Storchennest. Der Himmel war blau. Eine Zeile schneeweisser Gänse entstieg dem Dorfbach mit lautem Geschnatter und schrillem Geschrei, die Hälse und Köpfe stolz wie Partisanen tragend.

Hier, auf einem dieser Steine habe ich als Kind gesessen und die Kriegerscharen vorüberziehen sehen: Voran die Ulanen, die Lanzen im Steigbügel und die flimmernden Wimpel in den Lüften, Husaren in schillernder Montur, und dann das Getrappel von Pferdehufen, endlos ... Noch seh ich ihre Eisen blinken.

Ich zog die Uhr. Sie war still gestanden. Sie hat Ewigkeit.

Die Sonne schickte sich eben an, zur Rüste zu gehen. Was hat ein alter Landarzt zu versäumen, der so viele der Toten sah! Ich setzte den Stab auf der Heeresstrasse weiter. Sie war leer. Ihre weisse Linie schien ins Unendliche vorzustossen.

Ein Trüpplein Haubenlerchen hatte sich zu Streif- und Wanderzug am Strassenrand gesammelt und war vielleicht erstaunt ob meinem langen Stab und weissen Bart, wie ich ob ihrer spitzen Haub und ihrem scharfen Sporn.

Es war kühl geworden. Nachdem ich eine Weile gewandert, hörte ich eilige Schritte hinter mir. Es wird ein Landstreicher, ein Zigeuner sein, dachte ich. Die Schritte wurden klingender. Ich blieb stehen und kehrte mich um. Ein kleiner, kräftiger Mann holte mich ein. Sein Oberkörper war in eine pelzgefütterte Jacke gehüllt, die Beine staken in festen Stiefeln, und unter dem linken Arm trug er ein langes Schwert mit funkelndem Knauf. Sein Haupt war unbedeckt – ein Alemannenschädel, die hohe Stirn den Winden preisgegeben.

Ich erkannte ihn sogleich, und sein Spruch fiel mir ein: Alterius non sit qui suus esse potest. Ich begrüsste ihn. Mit kurzer Handbewegung erwiderte er meinen Gruss und lud mich ein, mich ihm anzuschliessen. Kaum vermochte ich Schritt zu halten. Schweigend gingen wir nebeneinander. Allmählich löste sich die Zunge des Meisters: Er sei von weit hergekommen, durch Länder, Städte und Dörfer, immer hinter den Heerscharen des Lebens und des Todes her. Immer sei er vom Elend und den Schmerzen der Menschen gerufen. Wer die Krankheiten erkennen will, der müsse wandern, und die Natur werde erforscht, indem man von Land zu Land gehe. Jedes Land sei ein Blatt, und mit Füssen müsse es gewendet werden. So oft ein Land, so oft ein Blatt. Während des Gespräches wurden die Schritte meines Begleiters beschwingter, und er fuhr fort: Er streife wieder einmal durch dieses Land. Hier habe es ihm stets gefallen, und er trinke gern seinen Wein. Und mit leuchtenden Augen erzählte er: Auf einem alten Judenfriedhof habe er die Digitalis und den Cheirantus blühen sehen. Alle Wiesen, alle Berge und Hügel seien Apotheken. Von Kräuterweiblein und Zigeunern habe er die Wirkung vieler Pflanzen erfahren können. Die Arznei auf Erden lobe noch immer den Herrn. Auch die Kräuter führen zu Gott. Und nach kurzem Nachsinnen setzte er hinzu: Obgleich also mit der Natur angefangen werde, so folge darum doch nicht daraus, dass man mit der Natur aufhören und bei ihr bleiben solle, sondern man müsse weiter suchen und in dem Ewigen enden.

Wir schritten in den Abend hinein, die Goldne Pforte im Rücken. Rosengluten flossen über die Heeresstrasse. Ich zeigte mit dem Stab nach den Obstbäumen, in denen die dunkelgrünen Nester der Mistel hingen. Die sei ein gutes Heilmittel, sagte mein Begleiter. Und ich bemerkte, dass heute die indische Rauwolfia gegen Hochdruck am wirksamsten sei. Er zuckte die Achseln: Seiner Ansicht nach sollte jedes Volk auf seinem eigenen Boden die heilenden Pflanzen finden.

Heute aber ist alles anders geworden. Die Länder und Völker sind sich nähergerückt. Die Menschen vermehren sich wie der Sand am Meer. Aber der Unfriede ist nur grösser geworden. Und der Meister machte ein ernstes Gesicht: Die Dinge sind immer in Unfriede. So ist das Drängen der Völker nichts anderes, als dass einer wider den andern ist, und niemand ist sicher in seinem Bett, noch mit seinen Tischgesellen, noch bei seinem Pflug auf dem Acker. So die Betten nicht sicher sind und die in der Mühle und der am Pflug – wer ist ohne einen Fegeteufel? Die Pressura gentium nimmt zu und sonst nichts. Ja, es könnte noch so weit kommen, dass die Menschen das Himmlische nicht mehr erkennten, dann würden sie sich selbst nicht mehr verstehen, und alles Menschliche wäre gesetzlos.

Mit bewegten Worten erzählte der grosse Arzt, wie er sein ganzes Leben gegen die Pest gekämpft, wie diese immer wieder aufgetaucht und sich in die sündige Menschheit verkrochen. – Und wenn die Menschheit selbst zu einer Pest würde, welcher Arzt wüsste dann noch zu helfen?

Ich fragte ihn nach der Gelben Gefahr. Er gab mir zur Antwort: Gutes und Böses müssen herfür. Für jedes Gift ist ein Gegengift geschaffen. Gott lässt ein Ding bis auf seine Zeit kommen, und wenn seine Ernte da ist, so schneidet er es ab. So stieg Rom auf, und da es kam auf die Höhe, wie die Sonne im Steinbock, da fiel es wieder nieder. An ihren eigenen Lastern gehen die Reiche zugrunde. Die irdischen Dinge müssen auf- und abgehen. Gott hat allen Dingen ihren Lauf gegeben, wie hoch und wie weit sie gehen dürfen, und nicht darüber und nicht darunter.

So ist einem jeglichen Geschöpf sein Termin gesetzt, es sei gut oder böse. Über seinen Termin kommt es nicht hinaus. Sollten die Nesseln ihren Termin überwachsen, wie scharf würden sie werden! Sollten die Rosen ihren Termin übertreffen, wer könnte vor ihrem Geruche bestehen? Darum hat Gott dem Guten und dem Bösen sein Ziel gesetzt, damit keins zu hoch aufsteige; es wäre keines von beiden gut.

So ein Ding zerbrechen soll, so muss es durch das Gute geschehen. Mit der Arznei ist es auch so: Das wird aus ihr, was du aus ihr machst. Ist möglich, aus Gutem Böses zu machen, so ist auch möglich, aus Bösem Gutes zu machen. Und es ist nichts so böse, es hat etwas trefflich Gutes in sich.

Mich beschäftigte noch immer die Frage um die Zukunft der Menschheit. Der Meister las mir die Sorge vom Gesicht: Es würden noch schwere Prüfungen über die Menschheit hereinbrechen. Die Erbitterung, der Neid und Hass unter den Menschen nehmen zu, bis der Mensch zu seinem rechten Verstande kommt und menschlich lebt. Die Welt ist nicht ewig, sondern sie wird vergehen und zwar aus dem Grunde, weil sie an Bosheit zunimmt wie zu Noahs Zeiten. Gott werde aber, wenn die Zeit erfüllt ist, wieder neue Verkündiger und Bekenner erwecken. Aus der Pfingstschule des Heiligen Geistes werden sie kommen. Feuerstrahlen gehen von ihnen aus, und mit feurigen Zungen werden sie reden.

Ärzte werden immer nötig sein. Und ist ihnen die Gnade von Gott gegeben, so bleiben und sterben sie in ihr. Sie sollen die Kranken lieben, Barmherzigkeit üben und Versöhnung stiften. Wie kein Stern feiert und stille steht, so muss auch der Arzt in täglicher und nächtlicher Übung bleiben und sich wie die grosse Natur ohne Unterlass rühren. Für den Arzt ist Unruhe besser denn Ruhe. Ja, wir Ärzte sollten nicht Ruhe haben, bis alle Menschen Ärzte sind! Dann würden die gesetzten Plagen von Alter, Krankheit und Tod durch gegenseitige Güte gelindert und die schrecklichen Kriege durch Vernunft vermieden werden.

Der Meister blieb einen Augenblick stehen. Er schaute zum Himmel empor, an dem schon einzelne Sterne hervortraten. Ein mildes Licht strahlte aus seinen Augen. Und er sprach die Worte: In unserem Innern tragen wir den ewigen Sommer, der nie ohne Frucht und Blumen ist. Untätig sein, der Liebe vergessen, bewirkt, dass uns auch das genommen wird, was wir haben. Nichts ist, wo grössere Liebe von Herzen gesucht wird als in dem Arzt. Und selig wandelt, wer in Einfalt und Demut seine Pilgerschaft führt.

Wir wanderten weiter, und Frage auf Frage

stieg in mir auf. Und ich wollte ihn nach dem Reich Gottes fragen, das er einst so glühend, trotz Mühsal, Not und Gefahr, verkündet hatte. Paracelsus blickte mich schweigend an. Und die Frage erstarb auf meinen Lippen.

Ach, noch so vieles hätte ich ihn gerne gefragt, besonders nach dem Sinn seiner Prognostika. Wen er mit dem schwarzen Adler gemeint hätte, der das Römische Reich gar hart drücken werde, wenn es nicht mehr Gottes Reich sein würde? Ob er den Napoleon meinte? Ob der Untergang des Heiligen Römischen Reiches den Anfang des Jüngsten Gerichtes bedeute? Und welche Bewandtnis es habe mit dem von ihm prophezeiten mondkranken Mann in Deutschland und den anderen Söhnen der Verdammnis, deren Zahl Legion sein werde, durch die alles, mitsamt den reichen Städten und Ländern, in Staub und Asche versinke, Pest, Hungersnot und neue Krankheiten ausbrechen werden? Und ob er noch jetzt daran glaube, dass das Weltende komme, wenn alle Formen und Farben entwickelt sein werden, wenn die Bosheit der Menschen mit den infernalischen Mächten zusammenarbeiten wird, und wenn alle seine eigenen Werke erklärt sein werden? Doch er drängte zur Eile, und ich schwieg.

Wir waren inzwischen auf einer Anhöhe am Ende der Heeresstrasse angelangt. Dem Auge eröffnete sich ein weites Stromgebiet, vom abgestuften Kreis der Berge eingefasst. Wo in dunstiger Ferne der Fluss den Kreis durchbrach, begann die grosse Ebene, auf der sich einst die Reiterwellen wilder Völker heranwälzten. Dort ist die Völkerpforte! Himmel und Erde waren in tiefes Blau getaucht, und Friede umgab uns. Matte Streifen von Grün mit Pappelsilber und den weissen Punkten der Dörfer begleiteten den Lauf des Flusses, der mit Strichen lichten Goldes belegt war. In der Tiefe lag im verblassenden Sonnenglanz die Stadt.

Der Meister stützte seine Hände auf das Schwert, welches er vor sich hingestellt hatte. Ich wies nach den rauchenden Schloten der Fabriken. Ja, erwiderte er, von ihm seien die Arkana in die Heilkunst eingeführt worden. Gespannt wartete ich, ob er mir hierüber mehr kundtue. Der Meister wiegte sein Haupt: Wissenschaft ist viel, unendlich mehr die Weisheit, das Höchste aber ist die Liebe. Nach diesen Worten schaute er in die blaue Ferne. Und kaum vernehmbar sprach er: Der Friede Gottes ziehe an. Gott lasse allem Geschaffenen einst seinen Frieden zuteil werden. Und am Ende werde die Erde, die alte Schlacke, in den Äther zurückgeworfen.

Ich zeigte ihm die rötlichen Türme des Münsters, die Spitzen der Martinskirche und der Barfüsserkirche, auf welcher der Gockelhahn golden flammte, und schlug ihm vor, dort unten Herberge zu nehmen. Ein Lächeln glitt über sein Antlitz: Er müsse jetzt weiter, nach Ensheim, um dort nachzusehen, ob der Donnerstein noch immer Kräfte ausstrahle. Dann pilgere er zum Altar des Meisters Mathis. Dieser habe die himmlischen Arkana gemalt und auch die Heilkräuter nicht vergessen.

Darauf nahm er sein Schwert unter den Arm und hob die Hand empor. Ich weiss nicht, geschah es mit segnender oder abwehrender Gebärde. Wie eine lichte Taube sah ich seine Hand schweben. Und wundersam klangen die Worte: Also bin ich gewandelt durch die Länder und ein Peregrinus gewest meiner Zeit – allein und fremd und anders. Da hast Du, Gott, wachsen lan Deine Kunst unter dem Hauche des furchtbaren Windes mit Schmerzen in mir.

Ergriffen stand ich da. Und als ich mich nach ihm umsah, war er verschwunden.

Die Nacht brach herein. Die zarten, violetten Ränder der Vogesen waren vom verglimmenden Rosenlicht überhaucht. Sternbild um Sternbild erglänzte am Himmel. Ich horchte in die Nacht hinauf. Und ich hörte die singenden Scharen der Zugvögel ohne Unterlass durch die Lüfte rauschen.

Ich beschreite einen seitlichen Pfad, der zu einem einsamen Gehöft führt. Dort liegt ein Kranker, des Trostes bedürftig. Er wartet auf Erlösung von seinen Leiden.

Ich halte ihm die Hand.

Nachwort

Unter dem Einfluss einer tiefgehenden Auseinandersetzung mit Adalbert Stifters Leben, Werk und Tod, entstanden die Geschichten Hermann Augustins, von denen
einige in der vorliegenden Form «Als er
noch in der Chaise fuhr» im Jahre 1961 der
Öffentlichkeit erstmals zugänglich gemacht
wurden. Die nachfolgenden Zeilen sollen
dazu dienen, dem geneigten Leser, der nun
unter dem Eindruck des soeben gelesenen
Werkes steht, die Person des Verfassers
und einige besondere Aspekte seines We-
sens aus der Sicht eines Neffen erfassbar zu
machen.

Geist und Werk

Schon in frühen Jugendjahren, als Gymnasiast und Zögling an verschiedenen Internaten, begann in dem religiös erzogenen Penäler ein kritischer Geist sich zu regen. Erstmals durch das Studium der die Geschichte verändernden Erkenntnisse der Renaissance wurde in Hermann Augustin ein Feuer entfacht, das insbesondere auch durch den Geist der Aufklärung genährt wurde. Das primär theozentrische Weltbild geriet in dieser Zeit vollends ins Wanken. Nach Abschluss des Gynmnasiums begann bereits die Zeit der Suche nach Wahrheit, nach dem Sinn der Schöpfung und nach der ewigen Beziehung zwischen Schöpfer und Geschöpf, wie er selbst sich auszudrücken pflegte. Ein unermüdlich suchender und zweifelnder Geist prägte sein Wesen und seine Arbeit bis zu seinem Lebensabend. Erste kleine Veröffentlichungen in Form von Gedichten und kleinen Essais erschienen bereits in den frühen Zwanzigerjahren, wohlverstanden zumeist unter einem Pseudonym, wie beispielsweise Hermann Randa. In dieser frühen publizistischen Zeit beendete er sein Medizinstudium in Basel, das er widerwillig auf Diktat seines Vaters, Dr. med. Hermann Augustin-Flury's, begonnen und etliche Male unterbrochen hatte. Dem jungen Medikus standen in den folgenden Lehr- und Wanderjahren im In- und Ausland aufgrund seines sprühenden Geistes, seiner gepflegten, selbstsicheren Erscheinung, seiner mitfühlenden ärztlichen Ausstrahlung Tür und Tor offen. Er verkehrte rege in literarischen Kreisen und begann neben seiner ärztlichen Tätigkeit als niedergelassener praktischer Arzt, der sich grosser Beliebtheit erfreute, in zunehmendem Masse sich mit konkreten philosophischen und literarischen Themen auseinanderzusetzen.

Insbesondere die Gestalt Nietzsches hatte ihn schon damals in den Bann gezogen. Diese Auseinandersetzung führte zu den eher philosophischen Werken: «Nietzsche, Arzt und Dichter der Menschheit» und «Nietzsche, Overbeck und Basel». Der Arzt und Denker wurde damals neben seiner ärztlichen Tätigkeit zwischen Literatur und Philosophie hin- und hergerissen. Aus jener Zeit stammten auch die Kontakte zur Lehre der Harmonie, besonders zu Hans Keiser. In diesem Spannungsfeld trat immer mehr die Gestalt Adalbert Stifters und dessen umfassendes Werk in den Vordergrund. In einer ersten Arbeit befasste er sich mit dem Weltbild Stifters und Goethes ausgehend von der Nausikaa-Tragödie. Kurze Zeit später, auf der Suche nach den menschlichen Urwerten, erschien die Arbeit «Dante – Goethe – Stifter», eine umfassende Auseinandersetzung mit deren Wesen und Werken. In den folgenden Jahren konzentrierte sich Hermann Augustin im Wesentlichen auf die Gestalt Adalbert Stifters. In jahrelanger Auseinandersetzung mit Person und Werk gelang es ihm, fast 100 Jahre nach Stifters Tod, die herrschende Ansicht eines bewussten Selbstmordes endgültig zu widerlegen.

In der vorliegenden Geschichtensammlung mit autobiographischem Charakter finden wir nun die Auseinandersetzung seiner selbst mit Vergangenheit, früher Kindheit und der Vaterperson. Die literarische Form, trotz unverkennbarer Eigenständigkeit in Wort und Bild, zeigt aber auch sehr deutlich den Einfluss des Werkes und der Person Stifters. Die träfe, prägnante Wortwahl, die spielerische aber logische Sequenz der Worte, der kaum konstruierte elegante Satzbau dokumentieren die spielerische Sicherheit des Literaten einerseits, die tiefe, fundierte Hintergründigkeit und Wahrheit, den missionarischen Geist des Philosophen andererseits. Hermann Augustin war zeitlebens ein hervorragender Erzähler. Das Geschichtenerzählen war bei ihm ein echtes Bedürfnis.

Zeit und Raum

Die Geschichtensammlung «Die Chaise» ist bewusst in die Zeit nach dem Deutsch-Französischen Krieg bis zur Jahrhundertwende angesiedelt worden. Es war die Absicht des Autors, den Lebens- und Wirkungsraum des Landarztes von den Errungenschaften des technischen Zeitalters möglichst unbeeinflusst zu lassen. Wesentlich erschien es Hermann Augustin auch, den Landarzt fern jeglicher apparativer und technisierter Medizin in einer unbeeinflussten Schicksalsgemeinschaft Mensch–Natur–Gott wirken zu lassen, ganz so wie es dem «Meister» Paracelsus entsprach. Die einzelnen Geschichten erheben nicht den Anspruch auf ein monographisches Zeitdokument. Sie stellen viel mehr ein Ideen- und Gesinnungsdokument dar. Der Landarzt, unterwegs in der Chaise, widerspiegelt in wechselndem Licht den Verfasser selbst. Wie in Goethes Faust, finden wir in der Gestalt des Landarztes, der in einer bunten Palette von aus dem vollen Leben gegriffenen Geschichten dem Leser entgegentritt, die wahre Person des Verfassers und sein geistiges Vermächtnis in umfassender Darstellung. Die entscheidenden Phasen seines Lebens sind in logischer Zeitfolge aus dem Kern der jeweiligen, immer schicksalhaften Schilderungen zu entnehmen. Die Botschaft, die aus der Hauptperson an den Leser übergeht, ist fundamental. Die Erkenntnisse gründen auf einer tiefen Erfahrung des menschlichen Seins, auf sehr umfassendem Wissen um die Dinge des Geistes und der Natur und auf einer tiefen Religiosität als einem Urbedürfnis des menschlichen Geistes.

Im Finale der bilderbogenhaften Geschichtenfolge schliesst sich der Kreis wieder. In der Chaise, unterwegs vom Kranken – zum Genesenden – zum Kranken, ist in vergleichbar apokalyptischer Art die Begegnung des in viel Erfahrung, Erfüllung und in Freud und Leid gereiften und gealterten Landarztes mit dem «Meister», mit Paracelsus, dargestellt. Aus dem Dialog, der eigentlich eher ein Monolog, ja eine Predigt ist, erfolgt die Botschaft des gesamten Werkes an den Leser.

Der Raum des Geschehens sowie das gesamte Szenario der «Chaise» ist bis in die letzten Details authentisch. Hermann Augustin wuchs in seiner frühen Kindheit im traditionsträchtigen Arzthaus in Allschwil heran. Nach Studienreisen und -aufenthalten kehrte er immer wieder gern dorthin zurück, bis er sich schliesslich auch endgültig als praktizierender Arzt daselbst häuslich niederliess. Nicht selten kam es vor, dass er spätere Reisen jäh abbrach, da es ihn immer wieder, oft bereits nach kurzer Zeit in fremden Ländern, wie von einem inneren Zwang gedrängt, in seine gewohnte Umgebung nahe der Humanistenstadt Basel zurückzog.

Die Gegend um Basel, der Sundgau, insbesondere der obere Sundgau, eingangs der Oberrheinischen Tiefebene gelegen, zog den unermüdlichen Beobachter in den Bann. Dieser Landstreifen am Juranordfuss mit einem ausgeglichenen Klima und einer unvergleichlichen Fülle der Natur, bedeutete für ihn den einmaligen Lebensraum. Nicht nur die kulturträchtige Scholle, die durch Funde aus der frühesten Zeit der Besiedlung Zentraleuropas, aus der Zeit der Kelten, Römer und Germanen hier belegt wird, aber auch durch Spuren des frühen Christentums irischer Prägung und der Völkerwanderung, die bereits damals die Gegend um Basel zu einem Schmelztiegel der Völker werden liess, sondern auch die Zeugnisse eines Walthers von der Vogelweide und später der Humanisten in Basel, waren es, die ihn zeitlebens prägten und hier festhielten. Die Liebe und Hingabe zu diesem Lebensraum widerspiegelt sich in unzähligen feinfühligen Beschreibungen und Schilderungen, wie sie nur einem Stifterkenner entspringen können. Sehr auffällig ist, dass immer wieder durch genauen Beschrieb der Umgebung es ihm gelingt, für jede einzelne Handlung den adäquaten dramatischen Rahmen zu finden.

Dr. Gerold Lusser

Max Kämpf über Max Kämpf

8 Jahre Schule haben wenig gebracht, ich träumte. 3 Lehrjahre als Flachmaler und 7 Jahre Malergeselle. 1938–39 Kunstklassen der Gewerbeschule bei Alb. Mayer und A. Fiechter. Seit 1939 selbständig. Erste Ausstellung 1934 in einem leerstehenden Ladenlokal und Weihnachtsausstellung Kunsthalle. Seither unzählige Ausstellungen meist erfolglos, Künstlers Erdenwallen. Teilnahme an verschiedenen Wettbewerben des Staatlichen Kunstkredites mit wechselndem Erfolg, siehe oben. Bin halt kein Chamäleon. Um den endlosen Schwierigkeiten aus dem Weg zu gehen, verzichte ich seit rund 25 Jahren darauf, an den öffentlichen Wettbewerben teilzunehmen, was meinem seelischen Wohlbefinden ausserordentlich zuträglich zu sein scheint. Ich ertrage offensichtlich keinen Zwang, ich tue, wenn ich darf, alles, wenn ich muss, nichts, ich bin blockiert. Kommt das Müssen aus mir heraus, dann bin ich sogar froh und gehe mit dem ganzen Elan an die Aufgabe. Dies ist so ungefähr das, was ich über mich zu sagen habe. Ich bin ein typischer Dürfer und ein miserabler Müsser (1980).

Hans Göhner über Max Kämpf

Max Kämpf (1912–1982) verlebte seine Jugend in der Altstadt Kleinbasels. Bis 1937
übte er den erlernten Beruf eines Flachma-
lers aus, schuf in diesen Jahren aber auch
schon bedeutende Werke als Autodidakt.
Georg Schmidt zählte den Maler zu der
kleinen Zahl von echten ‹realistischen Na-
turalisten›, die von Gegenstandserlebnissen
wirklich besessen seien. Kämpfs Werk
zeugt vor allem von einer tiefen Anteil-
nahme am Schicksal der kleinen Leute, und
zwar in gesellschaftskritischem Ton. Seine
Themen sind beispielsweise Bettler, ver-
wahrloste Gassenbuben, Emigranten, Menschen im Luftschutzkeller. Soziales Unrecht,
Verstossensein und Hoffnungslosigkeit spiegeln sich in diesen Bildern. Die Maskenwe-
sen von Kämpf – oft sind es Züge musizie-
render Geisterfiguren – erinnern an derbe,
animalische Maskentypen des antiken Thea-
ters. Das Poetische, Fabulistische, die unge-
wöhnliche Begabung zum Improvisieren
kommen im Œuvre dieses Künstlers auch in
zahlreichen Buchillustrationen zum Aus-
druck, die als kongenial zu den illustrierten
Texten betrachtet werden können (1984).

Hermann Augustins ‹Aufzeichnungen› wurden 1960 von Max Kämpf illustriert. Die erste, von Sandoz veröffentlichte Ausgabe erschien 1961; eine zweite Auflage publizierte der GS-Verlag Basel im Jahre 1962. In der vorliegenden Neuausgabe wurden 71 Originalzeichnungen mit freundlicher Genehmigung des Kupferstichkabinetts Basel neu reproduziert. Die Abbildungen wurden mehrheitlich in der Grösse der Originale des Künstlers angefertigt.

Die Neugestaltung des Buches besorgte Albert Gomm. Der Text ist in 11 Punkt Gill mager gesetzt und im Bogenoffset-Verfahren gedruckt durch das Graphische Unternehmen Birkhäuser AG in Basel und Reinach. Die Fotolithos erstellte die Firma Steiner & Co. in Basel.

Mühlebach Papier AG, Brugg, lieferte das holzfreie, 1,5fache, maschinenglatte Werkdruckpapier Libris, SK 3, 100 gm². Thalo Bütten SK 3, velin weiss, 145 gm², benutzte man für den Überzug und die Vorsatzpapiere. Der Einband wurde von der Buchbinderei Grollimund AG, Reinach BL, hergestellt.

Das Werk, herausgegeben vom Verkehrs- und Kulturverein Allschwil, zusammen mit der Birkhäuser AG, Graphische Unternehmen, Basel und Reinach, erscheint auf Weihnachten 1984 in einer Auflage von 4000 Exemplaren.

2000 Exemplare übernimmt der Verkehrs- und Kulturverein Allschwil für seine Mitglieder.

Neben einer Geschenkauflage für die Freunde des Hauses Birkhäuser ist eine Auflage von 800 Exemplaren für den Buchhandel bestimmt.